Inhalt

Ausgewählte Literatur

IV. Das 19. Jahrhundert

1. Übergang in eine neue Zeit 2
2. Seelsorge im Zeichen beginnender Industrialisierung 14
3. Vom Kulturkampf zum ersten Katholikentag im Ruhrgebiet 30

Text, Bildauswahl und Bildtexte: Johannes Meier

Titelbild: Blick in den Innenraum der Pfarrkirche St. Mauritius zu Niederwenigern im Dekanat Hattingen/Ruhr, einer neugotischen Hallenkirche von 1858/61.
Foto: Volker Buck

Rückseite: Duisburg-Ruhrort, St. Maximilian, neugotischer Hochaltar von 1872.
Das Retabel zeigt über dem Tabernakel eine Herz-Jesu-Figur. Seitlich folgen geschnitzte Felder mit Darstellungen der Geburt und der Himmelfahrt Jesu. Darunter gibt es vier kleine Felder mit Episoden aus dem Leben des heiligen Josef (Flucht nach Ägypten, Darstellung Jesu im Tempel, die Heilige Familie in Nazareth, Tod des Josef). Die Innenseiten der Altarflügel zeigen – in Ölfarben auf Holz gemalt – die Verkündigung und das Pfingstwunder. Das originale Gespränge aus neugotischem Schnitzwerk ist nicht mehr vorhanden.
Foto: Volker Buck

Layout: Designkonzept GmbH, Kehl

Herausgeber: Éditions du Signe, BP 94, F-67038 Strasbourg Cedex 2
Tel.: 00 33 (0)3 88 78 91 91, Fax: 00 33 (0)3 88 78 91 99, info@editionsdusigne.fr

© Éditions du Signe 2001 · Alle Rechte vorbehalten · ISBN 2-7468-0644-4 · Printed in France by Girold, Gresswiller / 25482

IV. Das 19. Jahrhundert

Das 19. Jahrhundert begann für die katholische Kirche in Deutschland mit einer Katastrophe. Die Säkularisation der geistlichen Staaten und Güter (1803) und der Untergang des Reiches bedeuteten das Ende eines Systems, mit dem man ein Jahrtausend lang gelebt hatte. Hineingestellt in eine aufgeklärt denkende, protestantisch dominierte und insgesamt als feindlich empfundene Umwelt, mussten Klerus und Volk in den neuen, zunächst höchst instabilen Verhältnissen mühsam ihren Weg suchen.

1. Übergang in eine neue Zeit

Vorboten dieser Umwälzungen waren auch im Land an Lenne und Ruhr die französischen Emigranten, unter ihnen zahlreiche Priester, die vor den Gewalttätigkeiten des revolutionären Regimes in ihrer Heimat geflohen waren. 1793 wurde in Essen eine französischsprachige Seelsorge eingerichtet und dem Kanoniker Dr. Philippe Patouillart anvertraut; er residierte im Kloster der Augustiner-Chorfrauen Unserer Lieben Frau, die ja lothringischer Herkunft waren; ein anderer Emigrant, der Regens des Priesterseminars von Verdun, Professor Jean Nicolas Proth, übernahm dort die Hausseelsorge, und es kam im Kloster sogar zu Eintritten aus den Reihen der Flüchtlinge. Eine Ausgabe des französischen Katechismus von M. Fleury erschien beim Hofbuchdrucker Baedecker.

1794 hatte Frankreich das linke Rheinufer besetzt. Nach seiner Niederlage in den Koalitionskriegen stimmte Kaiser Franz II. im Frieden von Lunéville 1801 der Rheingrenze zwischen Frankreich und dem Reich zu. Im selben Jahr schloss Napoleon Bonaparte, seit 1799 „Erster Konsul", mit Papst Pius VII. ein erstes Konkordat. Dadurch wurde das Erzbistum Köln auf seine rechtsrheinischen Gebiete beschränkt, während seine linksrheinischen Teile dem neuen französischen Bistum Aachen einverleibt wurden. Der letzte Kölner Kurfürst, Max-Franz von Habsburg-Lothringen, hatte den Abt des Prämonstratenserklosters Wedinghausen in Arnsberg, Franz Fischer, zum Bischofsvikar des rechtsrheinischen Sprengels bestimmt.

Max-Franz starb noch im Jahr 1801 im heimatlichen Österreich. Nun ging die Regierung an das Kölner Domkapitel über, das sich vor der französischen Besatzung gleichfalls in Arnsberg in Sicherheit gebracht

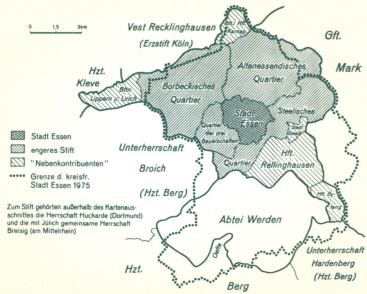

Das Stiftsgebiet Essen und die Abtei Werden nach dem Landesgrundvergleich von 1797 – wenige Jahre vor der Säkularisation – sowie die Grenze der heutigen kreisfreien Stadt Essen (Entwurf: H.-K. Junk).
Quelle: Heinz Stoob (Hrsg.), Deutscher Städteatlas, Lieferung IV, Nr. 6: Essen, bearbeitet von Heinz-K. Junk (Münster/Altenbeken 1989), Tafel 3.

hatte. Es bestellte den Freiherrn Johann Hermann Joseph von Caspars zu Weiß zum Kapitularvikar, der das rechtsrheinische Erzbistum Köln von Arnsberg und seit 1805 von Deutz aus leitete; ihm folgte 1820 ein ehemaliger Deutzer Benediktinermönch, Protonotar Johann Wilhelm Schmitz, bis Mitte der zwanziger Jahre das neue preußische Erzbistum Köln etabliert wurde. Den Kapitularvikaren assistierten als Zwischeninstanzen mit delegierten Vollmachten erzbischöfliche Kommissare in Sterkrade (für die klevischen Pfarreien rechts des Rheins) und Wattenscheid (für die Pfarreien in der Grafschaft Mark) sowie ein Offizial in Recklinghausen für die Pfarreien im Vest.

Der Frieden von Lunéville (1801) hatte den von linksrheinischen Gebietsverlusten betroffenen Reichsfürsten rechtsrheinische Entschädigung auf Kosten der Reichskirche und der Reichsstädte zugesagt. Die Einzelheiten wurden von einer außerordentlichen Deputation des Reichstages in Regensburg ausgehandelt und im Reichsdeputationshauptschluss vom 25. Februar 1803 festgelegt. Schon im Vorgriff darauf hatte Preußen am 3. August 1802 Besitz von den beiden geistlichen Kleinstaaten Essen und Werden ergriffen. Unter Protest nahm der letzte Werdener Abt, Beda Savels, die Aufhebungsorder entgegen, während die letzte Essener Fürstäbtissin, Maria Kunigunde von Sachsen, außer Landes auf Schloss Oberdorf im Allgäu bei ihrem Bruder Clemens Wenzeslaus weilte, dem letzten Trierer Kurfürsten und Fürstbischof von Augsburg.

Zur maßgeblichen Persönlichkeit der Übergangszeit avancierte in Essen der aus dem heimischen Bürgertum stammende Stiftsoffizial Aloys Wilhelm Brockhoff; er gehörte zu jenen Repräsentanten des ehe-

Kanonikus Aloys Wilhelm Brockhoff (1739–1825), letzter Essener Stiftsoffizial seit 1790, 1822.
(Privatbesitz Essen; Foto: Ruhrlandmuseum, J. Nober).

maligen Fürstentums Essen, die nach der Sanktionierung der Säkularisation durch den Reichsdeputationshauptschluss am 10. Juli 1803 in Hildesheim dem preußischen König Friedrich Wilhelm III. als neuem Landesherrn zu huldigen hatten.

Die preußische Herrschaft über Essen und Werden wurde im März 1806 durch das Einrücken französischer Truppen unterbrochen; im weiteren Verlauf des Jahres erfolgte der Anschluss an das Großherzogtum Berg, das Napoleons Schwager Joachim Murat von Düsseldorf aus regierte. Diesem wurde 1810 auch das ehemals kurkölnische Vest Recklinghausen einverleibt, welches 1803 dem Herzog von Arenberg zur Entschädigung übergeben worden war. Die französisch inspirierte bergische Kirchenpolitik tolerierte alle Konfessionen gleichermaßen und beanspruchte andererseits die staatliche Hoheit über das Standes-, Schul- und Armenwesen; die zivile Eheschließung

IV. Das 19. Jahrhundert

wurde obligatorisch. Im Zuge der so genannten Befreiungskriege gegen die napoleonisch-französische Herrschaft zog im November 1813 erneut preußisches Militär an der Ruhr auf, diesmal um zu bleiben. Der Wiener Kongress (1814/15), der die Landkarte Mitteleuropas neu gestaltete, sprach ganz Westdeutschland Preußen zu, das daraus zunächst drei, dann dauerhaft zwei Provinzen bildete, die Rheinlande mit der Hauptstadt Koblenz und Westfalen mit der Hauptstadt Münster.

Gestützt auf den Reichsdeputationshauptschluss waren in der Zwischenzeit nicht nur die geistlichen Landesherrschaften in Essen, Werden und im Vest Recklinghausen beseitigt, sondern auch die landständischen Stifte und Klöster säkularisiert worden, so die Damenstifte Rellinghausen, Stoppenberg und Gevelsberg, die Prämonstratenserabtei Hamborn, die Zisterzienserinnenklöster Duissern, Saarn und Sterkrade, die Deutschordenskommende Welheim und das Kloster der Kreuzbrüder in Duisburg. Nur die wenig vermögenden Klöster der Bettelorden, also der Minoriten in Duisburg und der Kapuziner in Essen, blieben noch länger, nämlich bis 1832 bzw. 1836 bestehen, während die letzten Essener Beginenkonvente 1843 zu einer neuen Genossenschaft der „Barmherzigen Schwestern von der heiligen Elisabeth" zusammengeschlossen und im ehemaligen Kapuzinerkloster angesiedelt wurden. So verschwanden wie überall in Deutschland auch zwischen Lippe und Lenne zu Anfang des 19. Jahrhunderts durch die Säkularisation fast alle Klöster, was sich pastoral und sozial negativ auf deren Umgebung auswirken musste. Nicht zuletzt ökonomisch geschwächt, stand die Kirche vor den Aufgaben einer neuen Zeit.

Die überfällige Reorganisation der religiösen Verhältnisse kam nach dem Wiener Kongress nicht auf nationaler Ebene durch ein Konkordat des Heiligen Stuhles mit dem Deutschen Bund zustande, sondern erfolgte in Abmachungen Roms auf einzelstaatlicher Ebene. Die Verhandlungen mit Preußen mündeten in der so genannten Zirkumskriptionsbulle Papst Pius VII. „De salute animarum" vom 16. Juli 1821 und einer parallelen staatlichen Kirchengesetzgebung. Es entsprach dem Wunsch der preußischen Regierung, dass das Gebiet rechts des Rheins und südlich der Lippe, das seit seiner Christianisierung ein Jahrtausend zuvor geschlossen zur Erzdiözese Köln gehört hatte, nunmehr zwischen Köln und den westfälischen Bistümern Münster und Paderborn aufgeteilt wurde. Der Regierungsbezirk Kleve als nördlicher Teil der Rheinprovinz (mit Duisburg, Hamborn, Holten, Sterkrade und Osterfeld) und der Regierungsbezirk Münster aus der Provinz Westfalen, zu dem das Vest Recklinghausen mit Bottrop, Gladbeck und Buer gekommen war, umschrieben das neue Bistum Münster. Der Regierungsbezirk Arnsberg (Provinz Westfalen), zu dem u.a. Gelsenkirchen, Wattenscheid, Bochum, Hattingen und das märkische Sauerland gehörten, erhielt den Paderborner Bischof als katholischen Oberhirten. Der Regierungsbezirk Düsseldorf in der Rheinprovinz mit Huckingen, Mülheim, Oberhausen, Essen und Werden bildete den nördlichen Teil des neu umschriebenen Erzbistums Köln. Die Gegend an der Ruhr, die wenige Jahrzehnte später zur Gänze von Industrialisierung und Urbanisierung erfasst werden sollte, unterstand seit 1816/21 vier verschiedenen Bezirksregierungen bzw. drei solchen, als der Regierungsbezirk Kleve mit jenem von Düsseldorf vereinigt wurde, und gehörte zu drei verschiedenen Diözesen. So kam es zu nachhaltigen Prägungen, die nicht sofort verschwanden, als am 1. Januar 1958 das Bistum Essen

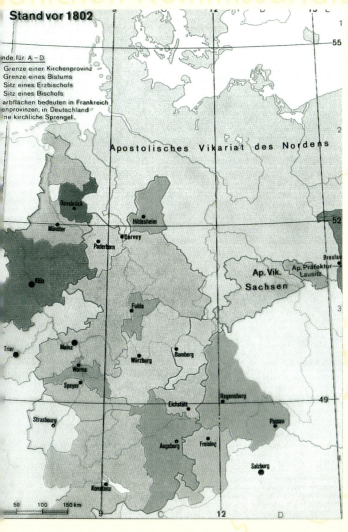

Die Umorganisation der katholischen Kirche in Deutschland 1802 – 1821/24
Quelle: Hubert Jedin/Kenneth Scott Latourette (Hrsg.), Atlas zur Kirchengeschichte, bearbeitet von Jochen Martin (Freiburg/Basel/Wien 1970), S. 97.

IV. Das 19. Jahrhundert

errichtet wurde. Letztlich entsprach die Anpassung der kirchlichen an die politischen Grenzen im 19. Jahrhundert einem Wunsch der Berliner Staatsregierung.

In der Absicht, auf die Ausbildung der katholischen Priester einwirken zu können, hatte Preußen an der 1818 von ihm neu gegründeten Universität Bonn - der einzigen in den beiden Westprovinzen - eine katholisch-theologische Fakultät errichtet. Erst als ihm maßgeblicher Einfluss auf deren Besetzung zugestanden worden war, fand sich der zum neuen Erzbischof von Köln designierte Ferdinand August Graf Spiegel zum Desenberg 1824 bereit, sein Amt anzunehmen. Umgekehrt gelang es dem Staat, Einfluss auf die Bischofswahlen zu gewinnen; zwar lag das ausschließliche Wahlrecht beim Domkapitel, doch konnte der Staat die in den ungeraden Monaten freiwerdenden Domkanonikate besetzen und außerdem Kandidaten für das Bischofsamt als nicht genehm erklären (ab 1840 Ausschlussrecht des Königs).

Die kirchliche Gliederung des 1821 an das Bistum Paderborn gelangten Regierungsbezirks Arnsberg (südlicher Teil der preußischen Provinz Westfalen) bis zum 30. Juni 1832, also bis zur Einführung der Dekanate im Bistum Paderborn; die Kommissariate I - III hatten vorher zum Erzbistum Köln gehört, das Kommissariat IV zum Erzbistum Mainz.

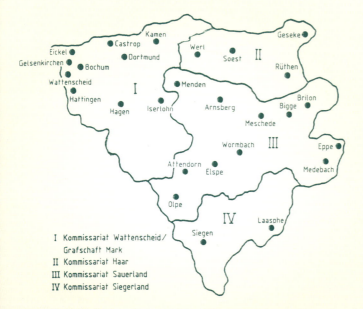

I Kommissariat Wattenscheid/Grafschaft Mark
II Kommissariat Haar
III Kommissariat Sauerland
IV Kommissariat Siegerland

Die innere Gliederung der neuen Diözesen wurde zuerst, nämlich am 29. September 1825, im Bistum Münster vollzogen. Mit der Schaffung von Dekanaten wurde die alte kirchliche Zwischengewalt der Archidiakone abgeschafft, die in Münster auch nach Einführung der Reformen des Trienter Konzils weiter bestanden hatte. Aus dem Offizialat Recklinghausen und dem Kommissariat Sterkrade - Instanzen, die 1821 aus dem alten Erzbistum Köln übernommen worden waren, - gingen nun die Dekanate Recklinghausen und Wesel hervor. Das Erzbistum Köln erhielt am 24. Februar 1827 eine Dekanatseinteilung; Essen war das nördlichste der 44 neuen Kölner Dekanate; die Pfarreien Huckingen und Mündelheim gehörten zum Dekanat Düsseldorf.

Die Neueinteilung des Bistums Paderborn erfolgte erst zur Jahresmitte 1832. Auch in diesem Sprengel - er hatte zu den kleinen in der Reichskirche gezählt - gab es noch Archidiakonate. Die großen Kölner Gebiete, die 1821 an Paderborn gelangt waren, waren hingegen als Kommissariate gegliedert und bestanden in dieser Form bis 1832 weiter. Es gab deren drei: eines für den Hellweg oder Haardistrikt von Werl bis Geseke und Rüthen, eines für das kurkölnische Sauerland von Menden bis Medebach und von Olpe bis Brilon, schließlich das Kommissariat Wattenscheid für die Grafschaft Mark. Kommissar des Kölner Erzbischofs war seit 1811 Anton Joseph Brockhoff, Pfarrer von Wattenscheid, ein jüngerer Bruder des Essener Stiftsoffizials Aloys Wilhelm Brockhoff. Anton Brockhoff starb indessen noch vor dem Übergang des Kommissariats Wattenscheid an das Bistum Paderborn (1820). Dieser wurde unter seinem Nachfolger Johann Heinrich Zilliken vollzogen, einem früheren Knechtstedener

Prämonstratenser, der schon 1823 Paderborner Ehrendomherr wurde und dann nach der Neugliederung, da er ein sehr hohes Alter erreichte, noch über ein Vierteljahrhundert als Landdechant des Dekanates Bochum fungierte (1832-1858). Das Kommissariat umfasste die Grafschaft Mark mit 35 Pfarreien oder Seelsorgestellen in folgenden Städten bzw. Gemeinden:

1. Altena	13. Hagen	25. Lütgendortmund
2. Bausenhagen	14. Hattingen	26. Mengede
3. Blankenstein	15. Hörde	27. Niederwenigern
4. Boele	16. Huckarde	28. Nordherringen
5. Bochum	17. Hemmerde	29. Opherdicke
6. Castrop	18. Hemer	30. Rhynern
7. Dortmund	19. Herdecke	31. Schwelm
8. Eickel	20. Iserlohn	32. Schwerte
9. Fröndenberg	21. Kamen	33. Unna
10. Gelsenkirchen	22. Kirchlinde	34. Welver
11. Geithe	23. Kurl	35. Wattenscheid
12. Hamm	24. Letmathe	

Die erste Paderborner Visitation des Kommissariates Wattenscheid mit Spendung der Firmung durch Bischof Richard Dammers fand 1825 statt, die zweite im August 1829 statt. Aus dem Kommissariat Wattenscheid gingen 1832 vier neue Dekanate hervor: Bochum, Dortmund, Hamm und Iserlohn.

Auf der Ebene der Pfarreien waren links des Rheins durch das französische Konkordat von 1801 alle traditionellen Patronatsrechte erloschen. Es gab hier ein einheitliches System von Kantonalpfarreien, denen Sukkursalpastorate minderen Rechtes zugeordnet waren. Beide Gruppen von Pfarrern ernannte der Kölner Erzbischof. Rechts des Rheins überdauerten hingegen die aus dem Mittelalter stammenden Patronatsrechte die Säkularisation. Entweder befanden sie sich in den Händen adliger Familien oder aber sie wurden vom preußischen Staat als dem Rechtsnachfolger säkularisierter Stifte, Klöster und Anstalten beansprucht. Dem Kirchenrecht gemäß besaßen die Patrone das Präsentationsrecht und bestimmten somit die Pfarrer der Patronatskirchen. In Schwelm (St. Marien) wurde ein staatlich gestütztes Pfarrerwahlrecht der Gemeinde praktiziert (bis 1952).

Ansicht der Stadt Essen in der Erstreckung von Südwest (links) nach Nordost (rechts) von einem Standpunkt etwa in der Höhe des späteren Hauptbades an der Steeler Straße. Im Mittelgrunde einer leicht gewellten, baumbestandenen Landschaft liegt, ziemlich weit zurück, die Stadt. Eine breite Straße, von Wiesen und Gebüsch begleitet, zieht in einem kräftigen S-förmigen Bogen aus der Ecke unten rechts auf sie zu. Ein Wanderer, das Felleisen auf dem Rücken, bewegt sich von der Stadt weg. Links ist das Bild von einer hohen, hellgrün bewachsenen Böschung abgeschlossen. Die Stadt Essen zeigt die von anderen Stadtbildern bekannte, charakteristische Silhouette. Man erkennt das niedere Dach des zentralen Westbaues der ehemaligen Stiftskirche, flankiert von dem schlanken Turm des Münsters (rechts) und dem gedrungeneren der Johanneskirche. Weiter nach rechts wird eine dritte Kirche mit Dachreiter sichtbar, die einstige St. Gertrudis-, jetzt Marktkirche. Der Dachreiter in der Mitte zwischen Münster und Marktkirche gehörte zur Kapelle des Spitals. Auf dem Bild fehlt die St. Quintins Kapelle, die nördlich der Münsterkirche lag und 1817 abgebrochen wurde. Ihr Fehlen kann ebenso wie die Laterne auf dem Westwerk der Münsterkirche zur Datierung herangezogen werden. Auch fehlt inzwischen die alte Stadtbefestigung, so dass Essen jetzt wie ein offen in flacher Landschaft liegendes Städtchen wirkt.
Foto: Jörg P. Anders. Kupferstichkabinett. Staatliche Museen zu Berlin – Preußischer Kulturbesitz. Nr. 92.

IV. Das 19. Jahrhundert

Ansicht des Schlosses Borbeck um 1830 (Gouache). Der Vordergrund wird von einer schräg verlaufenden Straße angegeben. Sie ist durch ein Geländer vom Mittelgrund getrennt, der von Baumschlag, Gebüsch und schilfumstandener Wasserfläche eingenommen wird. Vom rechten Bildrand stößt ein langgestrecktes Wirtschaftsgebäude mit zwei hohen Kaminen gegen die Mitte des Hintergrundes vor. Es überschneidet dabei einen Teil der Fassade des Herrenhauses. Dessen dreistöckiger Hauptbau mit dem schweren, geschwungenen Giebel zwischen vierstöckigen Ecktürmen bleibt als wesentlicher Gegenstand der Ansicht klar erkennbar. Der auf dem Bild gezeigte Wirtschaftsflügel wurde nach dem Ankauf des Schlosses durch die Freiherren von Fürstenberg (1826), auf jeden Fall vor 1842 abgerissen.
Foto: Jörg P. Anders. Kupferstichkabinett. Staatliche Museen zu Berlin – Preußischer Kulturbesitz. Nr. 90.

Diese Einschränkung ihrer leitenden Seelsorgefunktion bereitete den Bischöfen Unbehagen. So verweigerte der Bischof von Münster die Anerkennung eines staatlichen Patronatsrechts über die Pfarrkirche von Gladbeck; die Regierung beanspruchte dieses, weil der Abt von Deutz 1797 sein Patronatsrecht dem Kölner Erzbischof als weltlichem Landesherrn des Vestes übertragen habe, dessen Nachfolger wiederum Preußen sei. In Duisburg verzichtete der preußische Staat 1869 zugunsten des Bischofs von Münster auf seinen Patronatsanspruch. In Wattenscheid andererseits hat der Bischof von Paderborn das Patronatsrecht des Staates bis weit ins 20. Jahrhundert hinein faktisch anerkannt, obwohl eine kanonische Untersuchung seines Generalvikariates schon 1852 zu dem Urteil ge-

Ansicht der Stadt Werden von Südwesten über die Ruhr hinweg. Der Vordergrund ist von einem Weg eingenommen, der schräg nach rechts am Ufer der Ruhr verläuft. Eine hohe Baumgruppe schließt zum rechten Bildrande ab. Der Mittelgrund wird vom Fluss eingenommen. Eine Sandbank und der jenseitige Uferstreifen sind parallel zum unteren Bildrand geführt. Ein Boot mit zwei Insassen fügt sich dieser horizontalen Staffelung ein. Hinter der Silhouette der Stadt erhebt sich der sanft geschwungene Pastoratsberg. Neben dem mächtigen Abteigebäude, dessen drei Flügel und hoher barocker Prunkgiebel deutlich auszumachen sind, wird die Abteikirche St. Ludgerus als überragendes Bauwerk der Stadt sichtbar. Sie ist mit manchen Details wiedergegeben. Die Fenster am Langhaus, Querschiff und Vierungsturm sind registriert, merkwürdigerweise fehlen sie am Westabschluss. Das Westwerk ist bekrönt von der aus alten Abbildungen vertrauten zwiebelförmigen Spitze, die im Barock aufgesetzt und bei der Erneuerung der Kirche in den Jahren 1840–1850 wieder entfernt wurde. Auf dem Bild fehlt auch die Aufstockung des Westturmes, die bei den Arbeiten zwischen 1840 und 1850 erfolgte. Es ist also der Bauzustand vor dem Jahre 1840 wiedergegeben.
Foto: Jörg P. Anders. Kupferstichkabinett. Staatliche Museen zu Berlin – Preußischer Kulturbesitz. Nr. 97.

kommen war, dass von einer preußischen Rechtsnachfolge der Essener Äbtissin nicht auszugehen sei, weil schon die 1668 erfolgte Übertragung des Patronatsrechtes von Haus Leithe an die Äbtissin ungültig gewesen sei.

Die staatlichen Pfarrpatronate blieben während des gesamten 19. Jahrhunderts ein Zankapfel. Erst als mit dem Sturz der preußischen Monarchie das Staatskirchentum aufhörte, kam es in der Weimarer Republik durch das preußische Konkordat (1929) zu einer einvernehmlichen Regelung. Der Staat gab sein Interesse an Personalpolitik im kirchlichen Raum weitgehend auf, während der Kirche der staatliche Unterhalt der Gebäude in den Patronatspfarreien wichtig blieb.

IV. Das 19. Jahrhundert

> Nach dem von der hochwürdigen Erzbischöflichen Behörde zu Köln unterm 1. Mai 1839 erlassenen Regulativ über die auf der Orgelbühne in der hiesigen Pfarrkirche während des öffentlichen Gottesdienstes an Sonn- und Feiertagen zum Vortheil der Kirchenkasse zu vermiethenden Sitzbänke, ist die Benutzung derselben nur den männlichen Miethern persönlich gestattet.
>
> Den Frauenzimmern ist dagegen die Mitbenutzung der von ihren Angehörigen gemietheten Sitzplätze ausdrücklich untersagt.
>
> **Der Kirchen-Vorstand**
> der katholischen Gemeine
> zu Rellinghausen.

Die Gleichstellung von Männern und Frauen war in der Gesellschaft des 19. Jahrhunderts unbekannt. Die „gehobenen Ränge" auf der Orgelbühne waren Männern vorbehalten – nicht nur in Rellinghausen.

Durch die Umwälzung der Säkularisation hatten die Katholiken der Rheinlande und Westfalens ihre geistlichen Landesherren verloren. Sie fanden sich in einem Staat wieder, an dessen Spitze ein protestantischer König stand, der sich als Oberhaupt der aus Reformierten und Lutheranern unierten preußischen Landeskirche sah. Waren im 18. Jahrhundert die Beziehungen zwischen Katholiken und Protestanten eher pragmatisch gelassen gewesen, so nahmen jetzt die konfessionellen Spannungen deutlich zu. Eine erste Machtprobe zwischen Staat und Kirche entzündete sich an der Frage der religiösen Erziehung von Kindern aus konfessionell gemischten Ehen; Preußen bestand auf dem Bekenntnis des Vaters. Da der Großteil der preußischen Beamten aus dem Osten kam und protestantisch war, waren die meisten Mischehen solche protestantischer Männer mit katholischen Frauen. Die Kirche ihrerseits pochte auf das Versprechen der Eheleute, ihre Kinder katholisch taufen und erziehen zu lassen. Nachdem direkte Verhandlungen mit der Kurie der preußischen Regierung nicht den erwünschten Erfolg gebracht hatten, rang sie dem Kölner Erzbischof Ferdinand August Graf Spiegel 1834 eine geheime Konvention im Gegensatz zum päpstlichen Breve von 1830 ab. Sein kompromissloser Nachfolger, Erzbischof Clemens August Droste zu Vischering, wurde 1837 verhaftet und auf die Festung Minden abgeführt. Dieses staatliche Vorgehen löste eine massenhafte Solidarisierung der katholischen Bevölkerung mit ihrem Oberhirten aus. Der Staat musste schließlich in dem „Kölner Wirren" genannten Konflikt nachgeben; ein Abkommen stellte 1841 die Regelung der Mischehenfrage in die ausschließliche Kompetenz der Bischöfe. Erstmals waren der staatlichen Allmacht in kirchlichen Angelegenheiten Grenzen aufgezeigt worden. Dieses „Kölner Ereignis" gab den rheinisch-westfälischen Katholiken stärkeres Selbstbewusstsein.

In diesem Umfeld kam es in einzelnen Städten der ehemaligen Grafschaft Mark, wo seit dem 17. Jahrhundert evangelische und katholische Gemeinden simultane Nutzungen religiöser Räume oder Gegenstände praktizierten, zu konfessionellen Abgrenzungen. So waren in Bochum Kirchhof, Turm und Glocken im Simultangebrauch; ein Prozess zwischen den beiden Kirchenvorständen (1828-1835) endete mit der Anerkennung des Alleinbesitzes der katholischen Seite. Auch in Wattenscheid bestand ein gemeinsamer Gebrauch der Glocken und des Kirchhofs; die Evangelischen waren hier verpflichtet, ein Drittel der Unterhaltskosten hierfür - einschließlich für den Kirchturm - zu tragen. Seit 1839 strebte hier die evangelische Seite nach Aufhebung des Simultanverhältnisses, worin die katholische Pfarrei aber erst 1881 einwilligte.

Umgekehrt war die Situation in Gelsenkirchen. Die alte Ortskirche war hier den Lutheranern zugefallen, doch hatten die Katholiken ein Mitnutzungsrecht. Schon bei der staatlichen Volkszählung von 1818 überwogen die Katholiken mit 300 unter insgesamt 505 Einwohnern Gelsenkirchens. Im Jahre 1841 gab es gemäß einer Zählung des katholischen Pfarrers 96 katholische Haushalte mit insgesamt 417 Personen; hinzu kamen in den Bauerschaften Schalke 49, Heßler 44, Bulmke 29 und Rotthausen 255 Seelen; außerdem wohnten 38 katholische Dienstboten bei evangelischen Herrschaften. Somit betrug die Größe der Gemeinde insgesamt 832 Personen. Dies bewog Pfarrer Heinrich Nothaus, eine eigene katholische Pfarrkirche zu bauen, nachdem in den Vorjahren verschiedene Maßnahmen der evangelischen Gemeinde die Mitnutzung der alten St. Georgs-Kirche durch die Katholiken stark beeinträchtigt hatten.

Kommissar Johann Heinrich Zilliken zu Wattenscheid hatte schon am 15. Juli 1830 bestätigt, dass „die evangelische Gemeinde einseitig den Hochaltar, der bis dahin von der katholischen Gemeinde ungehindert mitgebraucht worden, abgebrochen, und vom Grunde aus destruiert, dann an die Stelle, wo er gestanden, eine Orgel habe erbauen lassen, unter welcher ein Tisch steht, an dem die evangelische Gemeinde wahrscheinlich das Abendmahl empfängt... Dort, wo der Hauptaltar gestanden hat, ist nichts

Das Gebäude der zur alten Wattenscheider Pfarrkirche St. Gertrud gehörenden Vikarie SS. Petri et Pauli, erbaut 1805, abgebrochen 1909. Hier lebte von 1838 bis 1862 der Vikar Friedrich Anton Stricker aus Clarholz, ein Konabiturient des von Paderborn nach Australien emigrierten Stadtpfarrers von Melbourne, Heinrich Backhaus. An Stricker erinnert ein Grabstein auf der Priestergruft des Wattenscheider Friedhofs.
Foto: Martin Engelbrecht

IV. Das 19. Jahrhundert

einem Altar Ähnliches mehr zu sehen. Das früherhin im Hauptaltare befindliche Altarbild, das letzte Abendmahl vorstellend, hängt jetzt seitwärts an der Wand des Chors." Die Messe könne deshalb nicht mehr im Chor gelesen werden, aber auch nicht am St. Katharinen-Altar, da die Evangelischen „die heiligen Reliquien aus dem Sepulchro desselben" weggenommen und ihr Gespött damit getrieben hätten, sie „um Geld feilzubieten"; Zilliken versichert alsdann: „Die heiligen Reliquien hat endlich ein braver Katholik aus der Kirchengemeinde zu Gelsenkirchen an sich zu bringen gesucht, und mir überreicht. Sie beruhen noch wirklich bei mir; ob alle, weiß ich nicht. Bei der Überreichung trugen sie die Spuren einer unverzeihlichen Verwahrlosung an sich." So blieb nur ein dritter „Nebenaltar, der mit einem Gitter umgeben ist"; er müsse „dem H. Pfarrer zur Abhaltung des Gottesdienstes genügen, und in diesem engen, durch ein Gitter abgesonderten Raum befindet sich der Beichtstuhl und zur Seite des Altars in einem verschlossenen Schranke ein Gefäß zur Aufbewahrung des Weihwassers... Durch die Zerstörung des Hauptaltars, durch Zertrümmerung des Taufsteines, durch das Wegreißen des Leuchters für die Osterkerze und des Opferstockes p.p., ist der katholische Pfarrer mit allen seinen zum katholischen Gottesdienste, und zur Administration der heiligen Sakramente nötigen Utensilien, und anderen Gegenständen in einen so engen Raum verdrängt worden, dass er kaum Platz genug hat, das h. Messopfer mit Anstand zu verrichten. Für eine Leviten-Messe zu halten, ist durchaus kein Raum da, welche doch ansonsten füglich am Hauptaltar konnte gehalten werden."

Diese für die Katholiken unerfreuliche Situation in der alten Kirche und das Wachstum ihrer Gemeinde waren der Hauptgrund dafür, das Simultanverhältnis mit der lutherischen Kirchengemeinde aufzulösen und eine neue, eigene Pfarrkirche zu bauen. Vor dem Deputierten Jacobi des Königlichen Land- und Stadtgerichts Bochum einigten sich am 23. August 1843 evangelische und katholische Gemeinde zu Gelsenkirchen, dass die alte Kirche in das alleinige Eigentum der evangelischen Gemeinde übergehen werde und der gemeinsam erworbene neue Kirchhof ausschließlich als solcher und nicht für den katholischen Kirchbau genutzt, derselbe aber auf einem anderen geeigneten Grundstück durchgeführt werden solle, für dessen Erwerb die evangelische Gemeinde als Ergebnis einer Kollekte 338 Taler und 10 Silbergroschen zuschoss. Der katholischen Gemeinde verblieb das Recht, den die alte Kirche umgebenden Platz als Schul- und Spielplatz für die Schulkinder mitzubenutzen; für Prozessionen durfte sie ihn jedoch nicht mehr in Anspruch nehmen.

Mit dem Bezug und der Weihe der neuen katholischen Kirche, die dem Patrozinium des hl. Augustinus anvertraut wurde, trat am 3. Oktober 1845 der Aufhebungsvertrag in Kraft. Eine barocke Monstranz und eine alte rustikale Skulptur der Anna Selbdritt begleiteten die Katholiken aus dem alten in ihr neues Gotteshaus. Die mittelalterliche, nunmehr evangelische Pfarrkirche St. Georg wurde einige Jahrzehnte später (1882) leider abgerissen.

Gelsenkirchen, Pfarrkirche St. Georg, Anfänge im 11. Jahrhundert, vom 17. Jahrhundert bis 1845 simultan genutzt, dann Evangelische Pfarrkirche, 1882 abgerissen, mit ringförmiger Kirchhofbebauung typisch westfälischer Fachwerkspieker.

Das seit Mitte des 19. Jahrhunderts einsetzende rapide Bevölkerungswachstum bildete neben dem Unverstand der durch die Säkularisation zu Neu-Eigentümern kirchlichen Kulturguts gewordenen Personen und Institutionen sowie einem allgemein unterentwickelten Sinn für Kunst- und Denkmalpflege die hauptsächliche Ursache des Verlustes altehrwürdiger Gotteshäuser. Davon betroffen waren die Stiftskirche in Rellinghausen, die Clemenskirche und die Nikolauskapelle in Werden, die Kapuzinerkirche in Essen, die Laurentiuskirche in Steele und viele andere. Pfarrer Werner Dahlmann in Hamborn war diesbezüglich seiner Zeit voraus; er veranlasste 1838 den Kirchenvorstand seiner Gemeinde, die zum Abbruch freigegebenen Gebäude der ehemaligen Prämonstratenserabtei anzukaufen und restaurieren zu lassen.

Im Bistum Münster wurde Anfang September 1845 das Goldene Bischofsjubiläum des Oberhirten Caspar Max Droste zu Vischering mit einer Festwoche begangen. Die starke Beteiligung von zehn Bischöfen und über 400 Priestern machte daraus ein besonderes kirchliches Ereignis im „Vormärz", also im Vorfeld des revolutionären Jahres 1848. Aus dem nördlichen Ruhrgebiet nahmen daran rund 20 Pfarrer und Kapläne teil.

IV. Das 19. Jahrhundert

2. Seelsorge im Zeichen beginnender Industrialisierung

Steinkohleabbau ist an der Ruhr schon im Mittelalter betrieben worden. Die Schiffbarmachung des Flusses und der Bau von Landstraßen sorgten noch im 18. Jahrhundert für einen ersten konjunkturellen Aufschwung. Doch waren die meisten Zechen vor allem südlich der Ruhr Kleinbetriebe mit weniger als 20 Bergleuten. Der Übergang vom Stollenbau zum Tiefbau wurde möglich, als Franz Dinnendahl und Friedrich Harkort die Dampfmaschine in den Dienst des Bergbaues stellten. In Werden und Kettwig zählte man 1836 auf 50 Zechen 1.210 Bergleute, während es damals in Essen erst eine Zeche gab, die freilich 180 Bergleute beschäftigte. Noch war der Textilsektor ein fast gleichrangiger Wirtschaftsfaktor (ca. 850 Beschäftigte in Werden und Kettwig), während in Essen auch bereits die Metallverarbeitung eine Rolle spielte (98 Beschäftigte).

Aufgrund des technischen Fortschritts wanderte der Bergbau aus dem Ruhrtal nordwärts an den Hellweg und dann weiter zur Emscher, wo er mit der bereits vorhandenen Eisenindustrie zusammentraf. Einige kleinere Eisenschmelzen bei Osterfeld, Sterkrade und Lippern-Lirich, darunter zwei, die von unternehmerischen Geistlichen der alten Reichskirche gegründet worden waren („St. Antoni" 1752 vom Münsteraner Domherrn Franz Ferdinand von der Wenge und „Neu-Essen" 1794 von Fürstäbtissin Maria Kunigunde von Sachsen), hatten sich hier 1810 zur „Vereinigten Gute-Hoffnungs-Hütte" zusammengeschlossen.

Das Land an Lenne und Ruhr vor der Industrialisierung

In den vierziger Jahren setzte der Eisenbahnbau ein; 1847 wurde die Köln-Mindener Bahn über Oberhausen, Altenessen, Gelsenkirchen, Herne und Dortmund eröffnet; 1862 folgte die Bergisch-Märkische Bahn von Duisburg über Mülheim, Essen, Steele, Wattenscheid und Bochum nach Witten. Außer diesen Strecken entstanden damals noch eine Reihe von Zechenbahnen. Auch die Wasserwege wurden ausgebaut, Kanäle und Binnenhäfen angelegt. Der Ruhrorter Hafen stieg zum Hauptumschlagplatz für die in der Region geförderte Kohle und die Eisen- und Stahlerzeugnisse der rasch expandierenden Schwerindustrie auf.

Bahnbrechend wurden die Unternehmen von Alfred Krupp (1812-1887) in Essen (Gussstahlherstellung: Radreifen für Eisenbahnen, Schiffsmaterial, Kanonen) und der 1854 von Jacob Mayer und Eduard Kühne gegründete „Bochumer Verein für Bergbau und Gussstahlfabrikation". In Gelsenkirchen war es der zugewanderte irische Kaufmann Thomas Mulvany, der am St. Patricks-Tag 1857 den ersten Spatenstich zu der künftigen Zeche „Hibernia" (Irland) tat; 1863 begann der Unternehmer Friedrich Grillo mit den Abteufarbeiten für den Schacht 1 der Zeche „Consolidation". Oberhausen, ursprünglich nur der Name eines Schlosses der Grafen von Westerholt auf dem rechten Ufer der Emscher, seit 1847 auch Stationsname eines Bahnhofs an der neuen Köln-Mindener Linie, wurde 1862 als eigene Bürgermeisterei für bereits 5.590 Einwohner geschaffen, die nicht nur im ältesten Hütten- und Stahlwerk der Gegend, sondern auch in weiteren Betrieben Arbeit fanden, die sich nahe der Bahn niederließen. Etwas später - 1871 - setzte in Mülheim eine beschleunigte industrielle Entwicklung mit dem Stahl- und Walzwerk von August Thyssen ein.

Die stürmische wirtschaftliche Expansion verursachte ein starkes Bevölkerungswachstum durch Zuzug von Arbeitern zunächst aus den benachbarten, weiterhin agrarisch geprägten Landschaften (Niederrhein, östliche und südliche Niederlande, Münsterland, Sauerland, Paderborner Land, Hessen). Eine zweite Zuwanderungswelle, die seit 1871 einsetzte, führte Mittel-, Ost-, z. T. auch Süddeutsche, Schlesier und dann zunehmend Menschen polnischer Muttersprache aus Posen, West- und Ostpreußen ins „Revier", das jetzt die Emscher überschritt und nordwärts zur Lippe hinzustreben begann. Das Bild der Landschaft wandelte sich durchgreifend; sie wurde durch unorganisches Wachstum rasch zersiedelt; Arbeiterkolonien, Ledigenwohnheime und Mietskasernen entstanden nicht nur im Umkreis der historischen Kleinstädte am Hellweg, sondern ebenso bei den vielen Zechen und neuen Industriewerken ohne gewachsene Zentren. Teils erhielten die früheren Dörfer und Bauerschaften Stadtrechte (Oberhausen 1874, Gelsenkirchen 1875, Wattenscheid 1876, Gevelsberg 1886, Buer und Hamborn 1911), meist aber wurden sie im Laufe der Zeit in benachbarte Zentren eingemeindet. Seit 1850 wurden die Gemeinde-, Stadt- und Kreisgrenzen immer wieder den veränderten Verhältnissen angepasst, bis mit dem preußischen Eingemeindungsgesetz von 1929 ein erster Schlussstrich gezogen wurde.

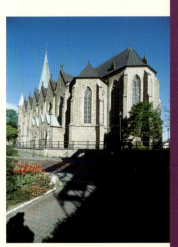

Hattingen-Niederwenigern, St. Mauritius, 1858/61, Außenansicht. Die Pfarrkirche St. Mauritius zu Niederwenigern wurde 1858 – 1861 nach einem Entwurf des Wiener Architekten Friedrich Freiherr von Schmidt (1825 – 1891) errichtet und am 4. Juli 1861 von Bischof Konrad Martin geweiht. Sie stellt eine eindrucksvolle neugotische Hallenkirche zu sechs Jochen mit 5/8-Chor und dreiseitigen Nebenchören dar. Der Westturm wurde vom romanischen Vorgängerbau übernommen; Obergeschoss und Helm stammen aus dem 19. Jahrhundert.

IV. Das 19. Jahrhundert

Panorama der Stadt Essen um 1865.
Foto: Stadtbildstelle Essen.

Noch 1843 war Iserlohn im märkischen Sauerland die größte Stadt und der bedeutendste Industriestandort der Provinz Westfalen; sie zählte fast 11.000 Einwohner - gegenüber 8.000 in Dortmund und 7.000 in Essen. In den fünfziger und sechziger Jahren aber, also noch vor der Reichsgründung, kehrten sich die Verhältnisse rasch um. Besonders Essen wuchs von 9.000 Einwohnern 1852 auf bereits 51.513 im Jahre 1871. Oberhausen, 1862 mit 5.590 Bewohnern gegründet, hatte sich 1871 auf 12.805 mehr als verdoppelt. Gelsenkirchen stieg von 1.600 im Jahre 1858 auf 13.128 (1871). Dieser Trend beschleunigte sich nochmals in den siebziger und achtziger Jahren. 1890 zählten Essen 78.706 Einwohner, Oberhausen 25.104 und Gelsenkirchen 30.506.

Essen		Oberhausen		Gelsenkirchen	
1852:	9.000	1862:	5.590	1858:	1.600
1871:	51.513	1871:	12.805	1871:	13.128
1890:	78.706	1890:	25.104	1890:	30.506

Parallel zu den kommunalen Neugliederungen suchten die drei an der Ruhr zuständigen Bistümer ihre Dekanatsstrukturen dem Wachstum der Gemeinden anzupassen. Die bisherige Gliederung mit den Münsteraner Dekanaten Recklinghausen und Wesel und den Paderborner Dekanaten Bochum, Dortmund, Hamm und Iserlohn genügte in den sechziger Jahren nicht mehr; neue Dekanate wurden in Dorsten durch Abtrennung von Recklinghausen (1864) und Hagen durch Abtrennung von Bochum (1868) gegründet; zu Dorsten kamen u. a. Bottrop, Buer, Gladbeck, Horst und Osterfeld, zu Hagen Breckerfeld und Schwelm. Im Erzbistum Köln wurde 1869 das Dekanat Ratingen von Düsseldorf abgetrennt; ihm gehörten fortan auch die beiden Pfarreien Huckingen und Mündelheim an. Der sprunghafte Bevölkerungsanstieg machte in den folgenden Jahrzehnten nach Beendigung des Kulturkampfes die Bildung zahlreicher weiterer Dekanate notwendig, so im Paderborner Bistumsgebiet Wattenscheid (1892), Hattingen (1902), Gelsenkirchen (1908), Lüdenscheid (1939), Altena

(1954) und Schwelm (1957), während die Bischöfe von Münster in Duisburg (1901), Hamborn (1909), Bottrop (1915), Buer (1915), Gladbeck (1915), Sterkrade (1927) und Ruhrort (1941) neue Dekanate einrichteten; 1954 kamen in Duisburg nochmals drei innerstädtische Dekanate hinzu, und das Dekanat Buer wurde in Nord und Süd geteilt. Ähnlich war die Entwicklung im Kölner Gebiet, wo zunächst Werden (1895) ein selbständiges Dekanat wurde; es waren schließlich zehn Dekanate, die das Erzbistum Köln 1958 an das neue Bistum Essen abtreten sollte, davon sieben im Stadtgebiet Essen, ferner Mülheim, Oberhausen und Huckingen.

Die Vermehrung der Dekanate war eine Reaktion auf die Verdichtung des Pfarrnetzes, welche wiederum durch das Bevölkerungswachstum ausgelöst worden war. Die Pfarrwerdung der einzelnen Gemeinden war oft ein mühsamer Prozess, wie etwa das Beispiel von Ruhrort zeigt. Die Duisburger Minoriten hielten hier seit 1783 regelmäßig Gottesdienst in einer als Betraum eingerichteten Scheune, die für 60 bis 70 Personen Platz bot. Um 1820 war sie längst zu klein, gab es doch bereits 280 katholische Einwohner und ca. 150 katholische Schiffer im Ruhrorter Hafen. So wurde seit 1824 auf dem Husterkamp, in der heutigen Fabrikstraße, mit Hilfe von Sach- und Geldspenden eine neue Notkapelle gebaut, ein außen mit Brettern verschlagener Fachwerkbau. Zum Inventar gehörten das Chorgestühl des ehemaligen Zisterzienserinnenklosters Sterkrade von 1484 und eine Monstranz aus dem aufgelassenen Kloster Duissern, aber auch eine von Tousnelda Emilie Haniel gestiftete Glocke. Franz Haniel errichtete 1829 in Ruhrort eine Werft; im selben Jahr konnte die Kapelle eingeweiht werden; sie erhielt das Patrozinium St. Maximilian, eine Reverenz an den Namenspatron des damaligen Bischofs von Münster, Kaspar Maximilian Droste zu Vischering (1825-1846). Bald wurde aber auch die Kapelle zu klein. 1837 verpflichteten sich die Gemeindemitglieder, jährlich zusammen 124 Reichstaler für den Bau einer regulären Kirche aufzu-

IV. Das 19. Jahrhundert

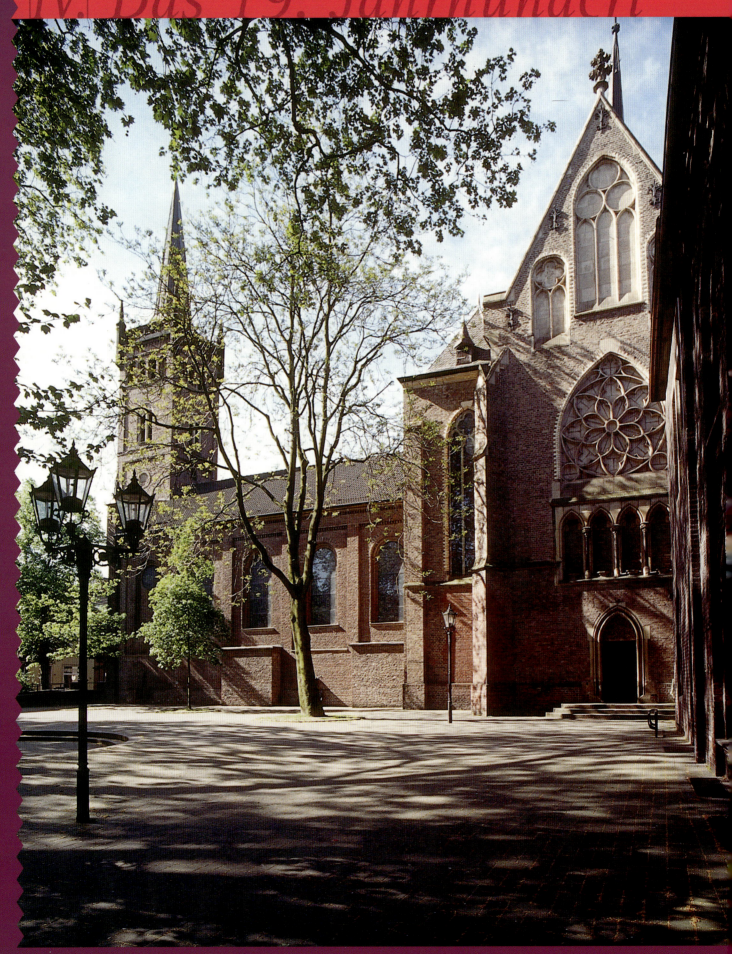

Duisburg-Ruhrort, St. Maximilian, Innenansicht.
Seit ca. 1860 führte der enorme Bevölkerungszuwachs zu vielfältigen Überlegungen, den klassizistischen Saalbau aus den vierziger Jahren abzureißen und durch einen Neubau zu ersetzen. 1869 begann man mit den Arbeiten am Chor; er musste einer weitläufigen neugotischen Hallenkirche nach Plänen von Wiethase Platz machen. Als nach drei Jahren das Geld ausging, waren erst die neue Choranlage, das Querschiff und ein Langhausjoch fertig. Und dabei blieb es bis heute! Die unfreiwillige Kombination von zwei grundverschiedenen Baukörpern spiegelt somit ein typisches Kapitel Kirchbaugeschichte des Ruhrreviers wider. Besonders frappierend ist der Raumeindruck im Innern des Gotteshauses, wo sich das niedrige, flach gedeckte Langhaus abrupt zu der großzügigen neugotischen Halle hin öffnet.

Duisburg-Ruhrort, St. Maximilian, Außenansicht.
Deutlich zu unterscheiden sind das niedrige, klassizistisch geprägte Langhaus von 1843/47 (links) und das neugotische Querhaus (1871) rechts. St. Maximilian wurde nach Kriegszerstörungen ab 1946 wiederaufgebaut.

bringen. Nunmehr konnte Ruhrort 1845 zur Pfarrei erhoben und 1847 die neue St. Maximilians-Kirche bezogen werden, die bereits 1871 erweitert, mit einem neugotischen Hochaltar ausgestattet und nach schweren Beschädigungen im Zweiten Weltkrieg 1950 als Gotteshaus wieder bezogen wurde.

Die Bauerschaften Lippern und Lirich bildeten von altersher den nordwestlichen Zipfel des Essener Stiftsgebietes und waren nach St. Dionysius in Borbeck eingepfarrt. Die „Gute-Hoffnungs-Hütte", das 1829 an der Emscher gebaute Walzwerk und die Anlage des Bahnhofs Oberhausen (1847) lösten eine starke Zuwanderung aus. 1852 gründete sich ein Verein, der den Zweck verfolgte, eine Kapellengemeinde mit Seelsorgestelle zu errichten. Der Hofbesitzer Schulte Lippern teilte am 8. März 1853 dem Pfarrer Joseph Legrand zu Borbeck brieflich mit, es seien bereits 123

IV. Das 19. Jahrhundert

Schenkungsurkunde über das Grundstück der Coeln-Mindener Eisenbahn für die erste Heidekirche St. Marien, Oberhausen.

Reichstaler, 8 Silbergroschen und 2 Pfennige in der Vereinskasse. In Lippern und Lirich hatte man zunächst verschiedene Vorstellungen über den geeignetsten Standort des künftigen Gotteshauses, bis die Köln-Mindener-Eisenbahn-Direktion vier Morgen Heideland in der Nähe des Bahnhofes mit der Auflage schenkte, hier binnen vier Jahren eine Kirche zu bauen.

Das Projekt wurde ein wahres Gemeinschaftsunternehmen, denn den 2.000 Talern, die der Kölner Erzbischof Johannes von Geissel dafür bewilligte, stifteten die Zinkhütte Vieille Montagne 400 Taler und die Zeche Concordia 200 Taler, die Eigentümer der Gute-Hoffnungs-Hütte sogar 1.000 Taler zu. Aber auch die Arbeiter beteiligten sich; jene der Zinkhütte ließen ein Taufbecken aus Sandstein anfertigen, die Kiesarbeiter der Bahn stifteten einen vergoldeten Silberkelch. Dieser befindet sich noch heute im Kirchenschatz der Oberhausener St. Marien-Gemeinde, ebenso ein Brustkreuz, das die Oberhausener Geistlichen bei Versehgängen trugen, laut Inschrift eine „Gabe der Beamten der Cöln-Mindener Bahnstation 1857". Nach vierzehnmonatiger Bauzeit wurde die Heidekirche am 13. Oktober 1857 eingeweiht. Erster „Rector ecclesiae" bis 1873 wurde Peter Wilhelm Leopold Hicken, dessen Gehalt teils aus einer Verpachtung von Grundstücken der Kirchengemeinde an einen Bauunternehmer, teils durch den Bonifatius-Verein zu Paderborn bestritten wurde. Seit 1860 wurde er von einem Schulgeistlichen unterstützt, der eine zunächst einklassige höhere Schule am Ort aufbaute.

Brustkreuz (Pectorale) für Versehgänge. Silber, innen vergoldet, Höhe 16,4 cm. Auf der aufklappbaren Vorderseite mit ornamental gravierten, dreipassförmigen Kreuzenden ein plastischer Kruzifix aufgesetzt. Auf der Rückseite in Kursiven graviert: „Gabe der Beamten der Cöln-Mindener Bahn-Station Oberhausen im Jahre 1857".

Da die Gemeinde auf über 5.000 Seelen angewachsen war, wurde 1874 unter dem zweiten Rektor Paul Joseph Hubert Schmittmann der Kapellenbau erweitert. Im selben Jahr wurde aber die katholische höhere Schule durch die „Kulturkampf"-Gesetzgebung aufgehoben. Nach Abklingen des Kulturkampfes übernahmen 1882 zwei Schwestern der Dernbacher Kongregation der „Armen Dienstmägde Christi" krankenpflegerische Aufgaben in der Gemeinde, und schon 1884 erweiterte sich ihr Aufgabenfeld durch die Eröffnung des St. Joseph-Hospitals, das durch eine Stiftung des Fabrikanten Wilhelm Grillo 1889/90 erheblich vergrößert werden konnte. Schließlich wurde nach Ansammlung eines genügenden Dotationskapitals und staatlicher Genehmigung am 16. Juli 1888 die Kirche der „Unbefleckten Empfängnis der Allerseligsten Jungfrau Maria" zu Oberhausen vom Kölner Erzbischof Philipp Krementz zur Pfarrkirche erhoben. Rektor Schmittmann wurde ihr erster Pfarrer; als er am 10. Oktober 1905 verstarb, hatte die Gemeinde längst ein großes neugotisches Gotteshaus (1891/94) nach Plänen des Architekten Friedrich Freiherr von Schmidt bezogen, dessen spitze Nadeltürme von 1902 bis heute die Silhouette der Stadt überragen.

Zum 25jährigen Jubiläum der Marienkapelle zu Oberhausen entstand 1882 ein nach der Melodie „Üb immer Treu und Redlichkeit" zu singendes Lied:

Das Kirchlein auf der Haide

Die Haide war einst öd und leer,
kein Kirchlein drin zu schau'n,
Das schmerzte unsern Herrgott sehr,
Er sprach: „Ihr sollt's mir baun!"

Das war nun wohl gar leicht gesagt,
Da leer der Beutel war,
Doch wurde Jahr um Jahr getagt,
bis klar die Sache war.

Es lebten gute Leute ja
in Lippen-Lirich noch,
Die sagten: „Wir sind alle da!
Gilt's unserm Heiland doch!"

Und bald gesenket ward der Stein,
Er wuchs von Tag zu Tag,
bis endlich zogen wir hinein,
als Alles unter Dach.

Das war der Liebesmühe Preis,
das kleine Kirchlein hier;
hat's auch gekostet Kampf und Schweiß:
Es steht zu Gottes Zier!

Kelch und Patene der Kiesarbeiter. Material Silber, vergoldet. Höhe 20 cm, Kuppe Ø 10 cm. Schlichte neugotische Form. Sechspassfuß mit gravierter Kreuzscheibe. Knauf mit Rhombenknöpfen.
Kelch und Patene wurden von den Kiesarbeitern der Köln-Mindener Eisenbahn bei der Einweihung der kleinen „Heidekirche" 1857 gestiftet. Gotische Inschrift unter dem Fuß: „Gabe der Kiesarbeiter (vom Eisenbahnbau) 1857".

Im Hintergrund: **Oberhausen, St. Marien (1857)**.
Fotos: Kath. Pfarramt St. Marien, Oberhausen.

IV. Das 19. Jahrhundert

Die Entwicklung in Oberhausen ist exemplarisch für viele Kirchengemeinden des Ruhrgebietes. Ganz ähnlich etwa entstand die St. Joseph-Pfarrei zu Schalke, wo sich 1871 ein Kirchbauverein gründete, nachdem man bereits eine katholische Schule besaß. Hier war es der aus Seraing bei Lüttich stammende Bergwerksdirektor der Zeche Consolidation, Denis Joseph Boniver, der das Streben der Arbeiterfamilien nach einer eigenen Kirche trotz Widerstandes des Gelsenkirchener Pfarrers Ludwig Schulte, der an St. Augustinus seinerseits vor dem Bau eines größeren Gotteshauses stand, und trotz der Probleme des Kulturkampfes zum Erfolg führte. Erst 1882 konnte mit Franz Anton Kemper ein eigener Priester für Schalke bestellt werden, zuerst als Religionslehrer an der Höheren Bürgerschule und seit 1891 als Pfarrer; die doppeltürmige Pfarrkirche befand sich damals im Bau, für das Krankenhaus war ein Grundstück gekauft. Von 1899 bis 1907 war der Schalker Pfarrer auch erster Diözesanpräses der Arbeiter- und Knappenvereine im Bistum Paderborn.

Einige Jahre vor der Schalker Kirche entstand St. Marien in Bochum. 1865 zählte die alte Pfarrei St. Peter und Paul in Bochum bereits 12000 Katholiken; binnen zehn Jahren verdoppelte sich deren Zahl auf 27.000. Auf einem Grundstück südwestlich der Altstadt begann 1868 der Bau der zweiten katholischen Kirche der Stadt. Am 2. Mai 1872 konnte Bischof Konrad Martin von Paderborn zur Einweihung des Bauwerks nach Bochum kommen. Schon am Abend zuvor prangte die Stadt in einem Meer von Fahnen, Blumen und Girlanden. Die Straßen, über die der Bischof seinen Einzug halten musste, waren mit Blumen bestreut und zum Teil mit Teppichen belegt. In einem Galawagen, den Jacob Mayer, der Begründer des Bochumer Vereins - er entstammte einer katholischen Bauernfamilie im schwäbischen Dunningen - zur Verfügung gestellt hatte, wurde der Bischof aus Herne abgeholt und in einem wahren Triumphzug, dessen Spitze Reiter hoch zu Ross und die kirchlichen Fahnenabordnungen bildeten, in die Stadt geleitet. Dem bischöflichen Galawagen folgte eine stattliche Anzahl festlich geschmückter Kutschen, in welchen die Honoratioren und die kirchlichen und weltlichen Repräsentanten Platz genommen hatten. Am 3. Mai fand dann die feierliche Weihe der neuen Kirche statt, und am darauf folgenden Sonnabend spendete der Bischof in der neuen Kirche das Sakrament der Firmung. Abends fand ein großer Fackelzug zu Ehren des hohen Gastes durch die Straßen der Stadt mit einer Kundgebung auf dem Wilhelmsplatz (heute Husemannplatz) statt, wo der Bischof eine Ansprache hielt. Er kam auch auf die politische Lage in Rom (Besetzung des Kirchenstaates 1870) zu sprechen und forderte die Bochumer Katholiken auf, zu Papst und Kirche zu stehen. Am Sonntag verabschiedete Bochum den Bischof. Morgens um 5.30 Uhr erdröhnten vom Bochumer Verein und von der Vöde Böllerschüsse, mit denen sich festliches Geläut der drei Bochumer Kirchen (der alten Mutterkirche, der neuen Marienkirche und der Klosterkirche der Redemptoristen) verband. Um 6 Uhr früh wurde dem Bischof im Pfarrgarten an der Bleichstraße ein Ständchen gebracht, und um 9 Uhr fand dann in der Klosterkirche ein feierliches Pontifikalamt statt. Am Nachmittag folgte ein Festzug durch die Stadt mit einer Festfeier auf dem Schützenhof. Den Ausklang dieses Tages, der noch lange Zeit Stadtgespräch blieb, bot ein festliches Feuerwerk. Wenige Monate später schon entbrannte der Kulturkampf mit aller Schärfe, und die neue Marienkirche wurde in der Folge für die Bochumer Katholiken zum Zeichen dieses Kampfes.

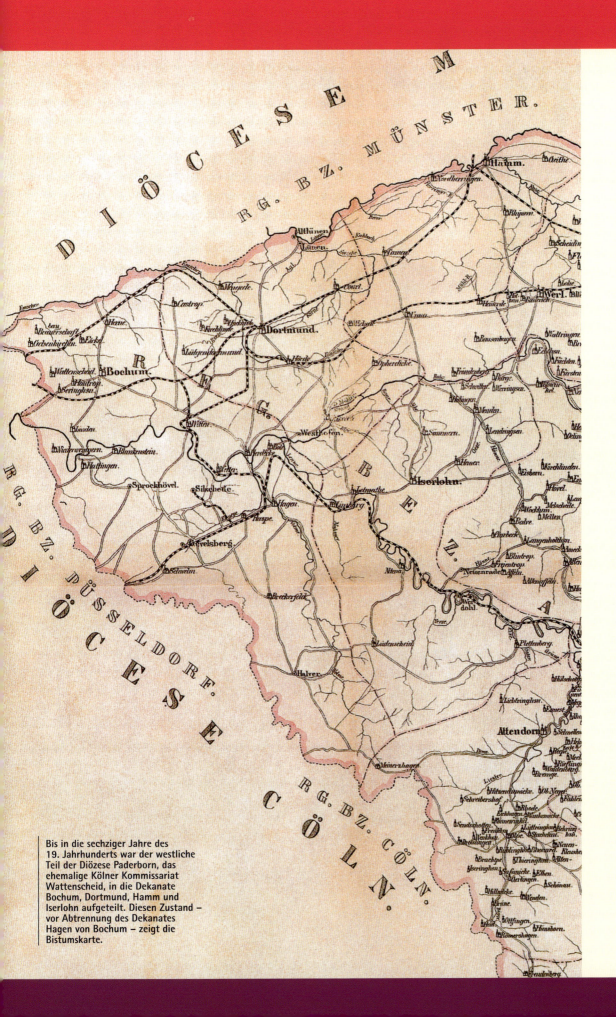

Bis in die sechziger Jahre des 19. Jahrhunderts war der westliche Teil der Diözese Paderborn, das ehemalige Kölner Kommissariat Wattenscheid, in die Dekanate Bochum, Dortmund, Hamm und Iserlohn aufgeteilt. Diesen Zustand – vor Abtrennung des Dekanates Hagen von Bochum – zeigt die Bistumskarte.

IV. Das 19. Jahrhundert

Wie die erwähnte hohe Einwohnerzahl Iserlohns im Jahre 1843 zeigt, setzte die Industrialisierung an der Lenne und im Märkischen Sauerland früher ein als an der Ruhr. Schon vor 1800 waren einzelne katholische Familien etwa nach Plettenberg und Lüdenscheid gezogen, wo sie bessere Erwerbsmöglichkeiten als in ihrer rheinischen Heimat antrafen. Sie mussten aber noch geraume Zeit warten, ehe sie eigene Kirchenräume erhielten. 1830 erwarb ein Beauftragter des Bischofs von Paderborn das 1752 gebaute Plettenberger Rathaus, das für 365 Taler zum Verkauf angeboten wurde. Nun wurde darin eine Kapelle eingerichtet, die der Attendorner Dechant Habbel 1839 dem heiligen Laurentius weihte. 1840/41 erhielten die 278 Katholiken von Plettenberg und Umgebung einen eigenen Geistlichen. 1848 wurde die katholische Schule eröffnet, 1860 dann die Missionsvikarie - so ihr bisheriger Status - zur Pfarrei erhoben. Aufgrund weiteren Wachstums errichtete man 1874 an der Stelle des umgebauten alten Rathauses eine neugotische Kirche, die um 1930 wesentlich erweitert, doch 1977 abgerissen wurde.

Besonders erinnerungswürdig ist die Neubegründung der katholischen Gemeinde zu Breckerfeld als persönliches Verdienst des Hagener Pfarrers Anton Franz Meckel. Nachdem sich Lutheraner und Reformierte 1841 in Breckerfeld zu einer einzigen evangelischen Gemeinde zusammengeschlossen hatten, wurde das 1707 erbaute bisherige Kirchengebäude der Reformierten verkauft. Auf eigene Kosten erwarb es Pfarrer Meckel (1843) und ließ es für den katholischen Gottesdienst herrichten, der zunächst einmal im Monat und seit 1846 sonntäglich dort gehalten wurde. 1848 schenkte Meckel das Anwesen dem Bischof von Paderborn mit der Auflage, daraus eine Pfarrei zu konstituieren. Zunächst Missionsvikarie, erhielt Breckerfeld diesen Rang im Jahre 1863, zwölf Jahre nach dem Tod des Stifters.

Der Ausbau der katholischen Pfarrstrukturen seit Mitte des 19. Jahrhunderts profitierte von den Erfolgen der Freiheitsbewegung, die sich nach dem „Kölner Ereignis" in Vereinsgründungen, öffentlichen Wallfahrten und Kundgebungen, Versammlungen und eigener Presse manifestiert und im „tollen Jahr" 1848 zu einer beachtlichen katholischen

Der Diaspora-Gemeinde Plettenberg gelang es 1874, also während des Kulturkampfes, am historischen Standort des früheren Rathauses eine neugotische Pfarrkirche zu errichten. Historische Ansichtskarte.
Foto: Willy Flächsner, Repro: Kath. Pfarramt Plettenberg.

Beteiligung an der Nationalversammlung in der Frankfurter Paulskirche, zum ersten Katholikentag in Mainz und zur ersten Bischofskonferenz in Würzburg geführt hatte. Die neue Preußische Verfassung von 1850 milderte das vorherige Staatskirchentum ab und ermöglichte die Neugründung von Ordensniederlassungen.

Von der schweizerischen Stadt Sitten im Wallis aus trat die Gesellschaft Jesu nach Vorstellungen ihres Ordensgenerals, P. Roothaan, 1849 die Rückkehr nach Deutschland an. In rascher Folge entstanden Niederlassungen in Münster, Aachen, Köln und Bonn. Von hier aus unterstützten die Jesuiten mit Volksmissionen die Seelsorge in den Pfarreien. Im rapide anwachsenden, konfessionell gemischten Essen fand über Weihnachten 1855 und Neujahr 1856 (23.12.1855-6.1.1856) erstmals eine solche „Intensivpastoral" statt. In liberalen und protestantischen Kreisen wurde die Veranstaltung wegen ihres großen Erfolges misstrauisch beäugt. Am 19. Februar 1856 forderte der Minister des Inneren den Düsseldorfer Regierungspräsidenten zum Bericht über die Missionen in Werden und Essen auf. Nach einem Korrespondentenbericht der Elberfelder Zeitung habe der Jesuit Roh dort den religiösen Frieden durch seine konfessionelle Polemik gestört. Die polizeiliche Untersuchung stellte als Urheber des fraglichen Artikels den evangelischen Pfarrer Hempel aus Werden fest. Dieser erklärte, nur Tatsachen berichtet zu haben. Der Landrat betonte demgegenüber, an den Predigten sei nichts zu beanstanden gewesen. Zuvor hatte schon der Bürgermeister von Werden berichtet, dass er die Jesuitenmission mit zahlreichen Vorurteilen erwartet, seine Ansicht nach den Predigten aber völlig habe ändern müssen; von einer konfessionellen Polemik könne keine Rede sein. Die Regierung gab sich damit zufrieden und verfolgte die Angelegenheit nicht weiter. So kam es in den nächsten Jahren zu weiteren Missionen. Der Dechant berichtete am 26. September 1866 nach Köln, dass in den 15 Pfarreien des Dekanates Essen bislang vier Missionen und zwei Missionserneuerungen stattgefunden hätten.

Die Nachfrage nach Missionen und anderen Formen der außerordentlichen Seelsorge hielt an. Am 12. August 1869 richtete eine Anzahl katholischer Laien aus Essen ein Gesuch um Männerexerzitien an den Kölner Erzbischof; darin schilderten sie die religiösen Verhältnisse in der Stadt so: „... das gedrängte Zusammenwohnen, was häufig Veranlassung zu großer Unsittlichkeit ist; die sozial-demokratischen Agitationen, die durchgehends der christlichen Religion feindselig entgegentreten; vor allem aber die überaus traurigen kirchlichen Verhältnisse am hiesigen Platze, wo an Sonn- und Festtagen Tausende vor den Kirchtüren stehen, während andere Tausende die Kirche gar nicht mehr regelmäßig besuchen können oder nicht wollen; die überaus schmutzigen und verwahrlosten Kirchen, wodurch viele vom Kirchenbesuch abgeschreckt werden oder ihr unkirchliches Leben zu rechtfertigen suchen: so lässt sich leicht begreifen, dass trotz des regen Eifers, womit unsere Pfarrgeistlichkeit in der Seelsorge wirkt, doch eine außerordentliche Seelsorge dringend geboten erscheint, wenn der verwerfliche Materialismus und Indifferentismus nicht noch weiter um sich greifen soll." Erzbischof Melchers griff diese Anregung sofort auf und vereinbarte am 18. August 1869 mit Pfarrer Fischer die Durchführung der erbetenen Exerzitien für die Männer wie auch für die übrigen Stände.

IV. Das 19. Jahrhundert

In einer stillgelegten Kesselschmiede richteten die 1870 nach Essen gekommenen Jesuiten eine „Notkirche" ein, St. Joseph, Gotteshaus für die Katholiken aus dem Westteil der Altstadt, aus Altendorf, Frohnhausen, Holsterhausen und Rüttenscheid.
Foto: Pfarramt St. Ignatius, Essen.

Dieser Auftritt der Jesuiten weckte den Wunsch nach ihrem Verbleib in Essen als Seelsorger einer dritten Pfarrei in der Stadt nach St. Johann und St. Gertrud. Laien kauften zwischen dem Limbecker Platz und der Kruppschen Fabrik das Gelände einer stillgelegten Kesselschmiede. Hier entstand die Notkirche St. Joseph. Jesuiten betreuten ab 1870 von hier aus die Katholiken aus dem Westteil der Altstadt, aus Altendorf, Frohnhausen, Holsterhausen und Rüttenscheid. Das Arbeitercasino wurde zum ersten Freizeit- und Bildungszentrum für die Essener Werktätigen. Im Winter 1871/72 kamen jeden Sonntagabend etwa 1500 Besucher zu den religiös-wissenschaftlichen Vorträgen von 19.30 Uhr bis 20.30 Uhr. Den ganzen Sonntag über hatten dann schon Gottesdienste stattgefunden, von 5 Uhr bis 11 Uhr stündlich Heilige Messen, von 14 Uhr bis 16 Uhr stündlich Andachten mit Predigt für Knaben, Jungmänner und Männer, um 18 Uhr die Pfarrandacht. Die Jesuiten verstanden es, bei den begüterten Essener Bürgern Verständnis für die mittellosen Zuwanderer zu wecken, was bei deren geringem Bildungsgrad und manchmal fremden Sitten nicht leicht war; sie gründeten Vinzenzvereine und setzten sich während einer Pockenepidemie in der Pflege persönlich ein.

Bereits zwei Jahre früher als die Jesuiten in Essen waren die Mitte des 18. Jahrhunderts durch Alfons von Ligouri in Süditalien zur Missionstätigkeit unter den breiten Volksmassen gegründeten Redemptoristen nach Bochum gelangt. Sie hatten nach der Revolution von 1848 zuerst in Bayern Fuß gefasst und 1859 auch eine niederdeutsche Provinz errichtet, die aber zunächst nur ein Haus in Westfalen zählte: Maria Hamicolt bei Dülmen. Der Paderborner Bischof Konrad Martin war in seiner eichsfeldischen Heimat

Das Innere der von den Jesuiten 1870 in einer früheren Kesselschmiede eingerichteten St. Josephs-Kirche. Im Winter 1871/72 wurden hier sonntags von 5 bis 11 Uhr stündlich Messen und von 14 bis 18 Uhr stündlich Andachten mit Predigt gehalten.
Foto: Pfarramt St. Ignatius, Essen.

auf die Volksmissionare aufmerksam geworden und wollte sie auch in seiner Diözese ansiedeln. Der von einem großen Bauernhof zu Kray bei Steele stammende Redemptorist August Eickenscheidt erfuhr über Verwandte von dem seelsorglichen Bedarf in Bochum. Er trat 1865 in Kontakt mit Bürgermeister Greve, Direktor Jakob Mayer vom „Bochumer Verein" und anderen Laien, die ein „Comité" gründeten, das Anfang 1868 die Grundstücke für das künftige Kloster erwarb, das schon zu Allerheiligen 1868 provisorisch bezogen und Ende Juli 1870 mit Kirche eingeweiht werden konnte. Viele Messen an Sonn- und Werktagen, Andachten mit Predigten, Beicht- und Krankenhausseelsorge, stark besuchte Standesversammlungen für Männer und Jungmänner, Frauen und Jungfrauen, die auf die häufigere heilige Kom-

Im Hintergrund: **Das Ordenswappen der Redemptoristen.**

IV. Das 19. Jahrhundert

munion vorbereiten sollten, verschafften den Bochumer Redemptoristen unter ihrem Rektor P. Ambrosius Zobel bald große Popularität unter der örtlichen katholischen Bevölkerung. Als 1871 der Ordensstifter von Papst Pius IX. zum Kirchenlehrer ernannt wurde, kam der Bischof von Luxemburg nach Bochum und spendete in der Klosterkirche fünf ordensangehörigen Diakonen die Priesterweihe. Zahlreiche Missionen führten die Patres aber auch über Bochum hinaus in die Paderborner und andere Diözesen, wo sie als Prediger und Exerzitienmeister erwünscht waren, bis die Kulturkampfgesetze ihr Wirken verboten.

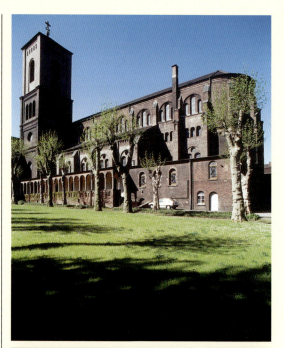

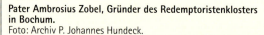

Pater Ambrosius Zobel, Gründer des Redemptoristenklosters in Bochum.
Foto: Archiv P. Johannes Hundeck.

Bochum, Klosterkirche „Zur Heiligen Familie", Außenansicht (oben), Inneres (rechts) und Kreuzgang (unten).
Die Bochumer Redemptoristenkirche „Zur Heiligen Familie" in der Klosterstraße entstand 1869 – 1870 als weiträumige neuromanische Basilika. Im Kulturkampf wurden die Patres bereits 1873 wieder ausgewiesen, und das Gotteshaus verwahrloste für ein Jahrzehnt. Im Zuge des kirchlichen Wiederaufbaus wurde das Kloster 1883 zum Wohnsitz des ersten national-polnischen Seelsorgers bestimmt, und die Kirche war fortan – nach zeitgenössischer Sprechweise – Nationalkirche für die polnischen Einwanderer im Industrierevier (besonders für das westfälische Ruhrgebiet). Die Redemptoristen durften 1899 unter der Auflage zurückkehren, die Polenseelsorge mit zu übernehmen. Das Kloster wurde 1941 ein weiteres Mal – nun durch die Gestapo – aufgelöst und 1943 durch Bomben zerstört. Der Wiederaufbau erfolgte in vereinfachter Form. Die heutige Ausstattung der Kirche ist modern.

IV. Das 19. Jahrhundert

3. Vom Kulturkampf zum ersten Katholikentag im Ruhrgebiet

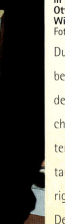

Konsolsteine der Orgelempore in Kevelaer, Reichskanzler Otto von Bismarck und Kaiser Wilhelm I. darstellend.
Foto: Klaus Dieter Stade.

Durch den in der Schlacht bei Königgrätz entschiedenen preußisch-österreichischen Krieg wurde Österreich 1866 nach fast tausendjähriger Zugehörigkeit vom Verband der Deutschen ausgeschlossen. Während des preußisch-französischen Krieges erfolgten am 18. Januar 1871 in der „galerie des glaces", dem Spiegelsaal des Schlosses zu Versailles, die Gründung des neuen Deutschen Reiches und die Proklamation des preußischen Königs Wilhelm I. zum Kaiser. Die Ortswahl für diesen Akt bedeutete eine symbolische Demütigung des unterliegenden Nachbarn und war ein Vorbote der Erschütterungen des europäischen Gleichgewichts, die der Erfolg der preußischen Militärmonarchie auslösen sollte.

Die deutschen Katholiken hatten aus jahrhundertelanger Verbundenheit zugunsten Österreichs empfunden und taten sich deshalb schwer, die „kleindeutsche" Lösung der Reichsfrage anzuerkennen. Umgekehrt misstraute der Reichskanzler Bismarck ihren Abgeordneten, die sich zunächst im preußischen Landtag und dann im Reichstag als „Zentrum" zusammengeschlossen hatten; er witterte Gefahren für seine Reichsgründung und verdächtigte die katholischen Bürger mangelnder Staatstreue, handelte es sich bei ihnen doch in den Ostprovinzen vielfach um polnischstämmige Menschen, im Westen um „Neupreußen", an deren Loyalität in der jüngeren Vergangenheit häufig Zweifel aufgekommen waren. Das Zentrum wünschte, dass die freiheitlichen Elemente der Preußischen Verfassung von 1850, die der Kirche so viele positive Handlungsmöglichkeiten eröffnet hatten, auch in die neue Reichsverfassung übernommen werden sollten. Das ging der Berliner Regierung zu weit; sie wollte die Kirchen vielmehr der staatlichen Aufsicht unterstellen. Dazu verbündete sich Bismarck mit der nationalliberalen Partei, die im Wirken von Papst Pius IX. (1846-1878) und in der Erklärung der päpstlichen Unfehlbarkeit durch das I. Vatikanische Konzil (1869/70) einen Anschlag auf die Kultur sah. Deshalb sprach der Berliner Pathologieprofessor Rudolf Virchow vom „Kulturkampf", den Bismarck nun gegen das Zentrum und zur Disziplinierung der katholischen Kirche und ihrer Repräsentanten mit einer Reihe von Gesetzen aufnahm. Besondere Hoffnungen setzte der Reichskanzler auf die innerkirchliche Oppositionsbewegung in Deutschland, die das vom Vaticanum verkündete Unfehlbarkeitsdogma nicht anerkannt und sich als altkatholische

Kirchengemeinschaft von der römisch-katholischen Mutterkirche getrennt hatte. Die einseitige Förderung der Altkatholiken durch den Staat, die Zuweisung katholischer Kirchen an sie zum Mitgebrauch und die im Zusammenhang damit erfolgenden Eingriffe in die von der Preußischen Verfassung garantierte Selbständigkeit der Kirche trafen auf entschiedenen Protest von Episkopat, Klerus und Volk. Bismarck schlug mit einem Bündel von Gesetzen zurück.

Bereits 1871 verfügte er den so genannten „Kanzelparagraphen", der allen Geistlichen Strafen androhte, die „Angelegenheiten des Staates in einer den öffentlichen Frieden gefährdenden Weise zum Gegenstand der Verkündigung" machten. Die „Maigesetze" des Jahres 1873 zielten auf die staatliche Beaufsichtigung der Priesterausbildung und die Kontrolle der Anstellung der Geistlichen. Die Bischöfe weigerten sich, die Oberpräsidenten der preußischen Provinzen in der nunmehr angeordneten Weise an der Vergabe kirchlicher Ämter zu beteiligen; um die Seelsorge aufrechtzuerhalten, verzichteten sie deshalb auf Versetzungen und Beförderungen; Pfarrämter und Kaplaneien, die durch Tod vakant geworden waren, konnten indessen nicht wieder besetzt werden. Der Konflikt eskalierte, als die Regierung die Priesterbildungsanstalten in Bonn, Münster und Paderborn schloss und immer mehr Priester wegen Verstoßes gegen den Kanzelparagraphen und Missachtung der Maigesetze zu Haft- oder Geldstrafen verurteilt wurden.

Am 4. Juli 1872 hatte der Reichstag beschlossen, Jesuiten, Redemptoristen und einige andere Orden wegen „staatsgefährdender" Tätigkeit aus dem Deutschen Reich auszuweisen. Preußen hob Ende Mai 1875 sogar alle Orden und Kongregationen auf, die nicht ausschließlich in der Krankenpflege tätig waren. Von dieser repressiven Politik waren im Ruhrgebiet zuerst die Essener Jesuiten betroffen. Im August 1872 wurden gegen sie staatliche Maßnahmen eingeleitet, die Unruhe und Empörung unter der katholischen Bevölkerung auslösten. Um die öffentlichen Sympathiebekundungen für die Patres zu unterdrücken, ließ der Landrat Gendarmerie und Militär aus Düsseldorf und Wesel nach Essen verlegen, das in den Straßenzügen um die Jesuitenresidenz mit dem blanken Säbel einschritt und zahlreiche Demonstranten verwundete, einige sogar tötete. Seit dem 26. August 1872 waren die Josephskirche und das Arbeitercasino der Jesuiten geschlossen; die in die Niederlande ausgewiesenen Patres blieben den Gläubigen in bester Erinnerung und versuchten, heimlich Kontakt mit ihnen zu halten.

Etwas mehr Zeit als den Essener Jesuiten wurde den Bochumer Redemptoristen gelassen. Am 26. Juni 1873 dekretierte die preußische Regierung die Auflösung ihres Klosters. Auch in Bochum fruchteten die Proteste der Bürgerschaft und alle Solidaritätsbezeugungen nicht. Patres und Brüder, zuletzt am 23. September auch der Superior P. Ambrosius Zobel mussten die Stadt verlassen. Der Chronik zufolge wurde P. Zobel in der Galakutsche Jacob Mayers von der Bochumer Gussstahlfabrik, gefolgt von den Kutschen der katholischen Bochumer Honoratioren, wegen der

IV. Das 19. Jahrhundert

Ansicht von Bochum um 1875 mit der Marienkirche (links), der Pfarrkirche St. Peter und Paul (Mitte) und der Redemptoristenkirche (rechts); Blick vom Schützenhof aus; links am Horizont die Kirche von Weitmar.
Foto: Stadtgalerie/Stadtarchiv Bochum.

dicht gedrängten Menschenmenge im Schritt zum Bahnhof geleitet. Wörtlich heißt es dann: „Aus den Werkstätten, aus den großen Fabriken, aus den Eisenwerken und den Bergwerken kamen die geschwärzten Männer hervor, um den geliebten Pater noch einmal zu sehen und ihm die kohlenbestäubte Hand zum letzten Lebewohl entgegenzustrecken, wenn sie es bei dem Wechsel der Schicht in der letzten Nacht nicht gekonnt hatten." Pater Zobel meldete sich aus dem holländischen Exil mit einem Dankesbrief, in dem er den Bochumern versicherte: „Wir werden zwar dem Leibe nach durch Berge, Flüsse und Meere von Euch getrennt, allein wir scheiden nicht von Euch!"

Am 31. Dezember 1875 wurde auch den Augustiner-Chorfrauen in Essen mitgeteilt, dass ihr Kloster samt der höheren Mädchenschule zum 1. April des folgenden Jahres aufgelöst und die von ihnen geleitete Elementar-Mädchenschule von weltlichen Lehrkräften übernommen werde. Die Schwestern waren auf diese staatliche Maßnahme vorbereitet, sie hatten jenseits der niederländischen Grenze in Steyl an der Maas ein Haus erworben, wo sie nun unterkommen und ein neues Mädchen-Internat aufbauen konnten. Im Frühjahr 1877 wurden auch die Schwestern des Steeler Waisenhauses aus dem Deutschen Reich ausgewiesen.

Den Bischöfen gegenüber wurde von staatlicher Seite in der ersten Phase der Kulturkampfes noch eine gewisse Zurückhaltung geübt. Doch war schon bald zu spüren, dass sich der Konflikt zuspitzen und auch sie betreffen würde. Die katholische Bevölkerung Westfalens und des Rheinlandes stellte sich unzweideutig hinter ihre Repräsentanten. Ein Zeitzeuge, Johannes Schäfers, schilderte damals unter dem Pseudonym „Renatus" folgende Begebenheit:
„Es war am Feste Mariä Verkündigung (25. März) des Jahres 1874, einem sonnenklaren, lauwarmen Frühlingstage. Um die Mittagszeit tauchten auf den Straßen der Bischofsstadt Paderborn gewissermaßen plötzlich große Menschenmassen auf, und immer neue Scharen kamen vom Bahnhofe her in die Stadt gezogen. Ernste, gereifte katholische Männer waren

es, aus der Mark, dem Ruhr- und Lennetale, wohl über 5.000 an der Zahl, welche gleichsam auf Verabredung sich in der Paderstadt eingefunden hatten. Ein solches Schauspiel hatte die altehrwürdige Stadt noch nicht gesehen, und es fiel umso mehr auf, als es wohl für die meisten Bewohner vollständig unerwartet kam. Die Männerscharen begaben sich über die Kampstraße zum Bischöflichen Palais; sie wurden in den großen Hausgarten eingelassen, und als der bischöfliche Bekenner tränenden Auges am Mittelfenster des Palais erschien, sank die große Volksmenge lautlos in die Knie. Nachdem sie sich wieder erhoben, nahm der damals noch jugendliche Freiherr Fritz von Ketteler zu Schwarzenraben das Wort, um namens der Kopf an Kopf gedrängt stehenden Menge dem Bischofe das Gelöbnis unverbrüchlicher Treue an Kirche und Glauben auszusprechen. Und zum Beweise dessen wurde zum Schlusse laut das Apostolische Glaubensbekenntnis mit erhobener Hand gebetet und das Lied ‚Fest soll mein Taufbund immer stehn' gesungen. Bischof Konrad, dem diese nie dagewesene Ovation und Glaubenskundgebung galt, konnte nur wenige Dankesworte erwidern; Tränen erstickten seine Stimme. Er kam hinunter in den Garten, um jedem, der ihn erreichen konnte, die Hand zu drücken. Dann war die großartige Kundgebung zu Ende. Still, wie sie gekommen, zogen die katholischen Männer auch wieder von dannen; verschiedene im Laufe des Nachmittags abfahrende Extrazüge führten sie wieder ihrer Heimat zu. Was hatte diese Männer zu ihrem Bischof geführt? ‚Das Vorgefühl oder vielmehr die klare Voraussicht dessen, was da in nächster Zukunft kommen würde, hatte diesen Heereszug von katholischen Männern zur ehrwürdigen Bischofsstadt geführt... alles mit einer Ruhe und dem Ausdruck einer Entschlossenheit, Festigkeit und Glaubensfreudigkeit, wie sie schöner nicht gedacht werden kann. Wer diese Szene mit Augen sah und davon nicht tief ergriffen wurde, kann auf ein religiöses Gefühl nicht Anspruch machen', sagt Bischof Martin selber. Dieser ersten großartigen Glaubenskundgebung folgten bald noch eine große Anzahl."

Blick in das Innere der 1874 errichteten St. Laurentius-Pfarrkirche zu Plettenberg. Historische Ansichtskarte.
Foto: Willy Flächsner, Repro: Kath. Pfarramt Plettenberg.

IV. Das 19. Jahrhundert

Am 4. August 1874 wurde Bischof Konrad Martin (1856-1879) verhaftet. Ähnlich sollte es Bischof Bernhard Brinkmann von Münster (1870-1889) und Erzbischof Paulus Melchers von Köln (1866-1885) ergehen. 1875/76 wurden sie vom Staatlichen Gerichtshof für abgesetzt erklärt und mussten in die Niederlande bzw. nach Belgien ins Exil gehen. Das Verhalten des Volkes ließ freilich keinen Zweifel daran aufkommen, auf wessen Seite es stand.

Im September 1876 gab die preußische Regierung dem Antrag der etwa 50 Personen zählenden altkatholischen Gemeinde Bochums statt, ihr anstelle der kleinen evangelischen Kirche im Weilenbrink, die sie mitnutzen konnte, eine der drei katholischen Kirchen der Stadt zu überlassen; die Regierung wählte dafür die Marienkirche, die als Tochterkirche von St. Peter und Paul dem staatlichen Patronat unterstand. Es kam zu Protestkundgebungen; die Bochumer Geistlichen riefen ihre Gemeinde auf, Ruhe zu bewahren: „Torheit wäre es, seinen Gefühlen öffentlichen Ausdruck zu geben. Durch unvorsichtiges Benehmen würde mancher sich und seiner Familie Schaden zufügen, ohne unserer Sache irgendwie zu nützen." Am 29. Oktober 1876 fand in St. Marien der letzte römisch-katholische Gottesdienst statt; anschließend löschte Pfarrer Cramer das Ewige Licht und trug das Allerheiligste aus der Kirche. Wenige Tage später, am 1. November, hielt die altkatholische Gemeinde ihren Einzug in St. Marien. Die römisch-katholischen Gläubigen wichen in die Kirche des seit 1873 verlassenen Redemptoristenklosters aus. Sie bemühten sich jedoch, die Marienkirche zurückzubekommen. Am 16. September 1879 wurde eine mit 5.000 Unterschriften versehene diesbezügliche Petition an den Landtag gerichtet, nachdem ähnliche Anträge bei der Be-

zirksregierung in Arnsberg erfolglos geblieben waren. Die Bittschrift wurde zurückgewiesen mit dem Vermerk, der Oberpräsident in Münster sei zuständig. Obwohl sich abzeichnete, dass die altkatholische Gemeinde bald wieder in die Kirche am Weilenbrink würde ziehen können, da die Protestanten damals die neue Christuskirche fertig stellten, stagnierte die Angelegenheit. Da kam ganz unerwartete Hilfe. Am 6. November 1881 fand in Bochum eine große Katholikenversammlung statt, an der auch der Zentrumspolitiker und große Gegenspieler Bismarcks, Ludwig Windthorst (1812-1891), teilnahm. Die Geistlichkeit, der Kirchenvorstand und der Ausschuss zur Rückerlangung der Marienkirche trugen ihm ihr Anliegen vor, und Windthorst nahm sich sofort der Sache an. Er stattete der Marienkirche einen Besuch ab und ließ sich über die für die katholische Bevölkerung unhaltbaren Verhältnisse unterrichten. Eine umfangreiche Eingabe wurde nun nach Berlin gesandt. Wenige Wochen später, am 29. Dezember, kam der Oberpräsident persönlich nach Bochum und verhandelte mit der altkatholischen Gemeinde, deren Mitglieder sich inzwischen auf 38 vermindert hatten, über eine freiwillige Räumung. Am Palmsonntag des Jahres 1882 ist das Ewige Licht in der Marienkirche wieder feierlich angezündet worden. „Verwandt wurde dazu der gleiche Docht", so berichtete die Westfälische Volkszeitung am 4. April 1882, „den Pfarrer Cramer bei dem Auszug des Allerheiligsten vor fast sechs Jahren mit bebender Hand ins Kirchenschiff geschleudert hatte".

Ludwig Windthorst (1812 – 1891)
Gemälde im Kulturgeschichtlichen Museum zu Osnabrück

IV. Das 19. Jahrhundert

In Essen war der altkatholischen Gemeinde am 12. November 1876 die der Münsterkirche vorgelagerte Kirche St. Johann zur Mitbenutzung zugewiesen worden. Die römisch-katholische Gemeinde verzichtete hier auf die Abhaltung von Gottesdiensten, obwohl sie für die Instandhaltung der Johanneskirche verantwortlich blieb. 1882 musste diese jedoch wegen Baufälligkeit geschlossen werden. Verhandlungen über die volle Rückgabe der Kirche an die römisch-katholische Gemeinde gestalteten sich sehr langwierig und schwierig. Sie führten erst in den Jahren 1913 bis 1916 zu einer Lösung, nachdem sich die Essener Kommunalgemeinde eingeschaltet hatte.

In der Zwischenzeit hatte Bismarck einsehen müssen, dass er sich mit dem Kulturkampf in eine Sackgasse manövriert hatte. Das Zentrum war zur stärksten Partei im Reichstag geworden (24,8% bei den Wahlen von 1878). Wollte man in Berlin nicht die dauerhafte Entfremdung eines Großteils der Einwohner in den westlichen Provinzen riskieren, so musste man sich zum Einlenken herbeilassen. Eindruck machte auch, dass namhafte evangelische Pastoren wie Friedrich von Bodelschwingh in Bethel offen Partei für verfolgte katholische Priester ergriffen hatten. 1879 trennte sich Bismarck vom nationalliberalen Kultusminister Adalbert von Falk und ersetzte ihn durch den Konservativen Robert von Puttkamer. Beim Kölner Dombaufest anlässlich der Fertigstellung dieses Bauwerks signalisierte der Staat im Jahre 1880 Versöhnungsbereitschaft. Der Pontifikatswechsel in Rom hatte 1878 Papst Leo XIII. (†1903), einen der modernen Kultur aufgeschlossen gegenüberstehenden Mann, auf den Stuhl Petri gebracht. Aus längeren Verhandlungen Berlins mit dem Vatikan gingen zwischen 1880 und 1887 „Milderungs- und Friedensgesetze" hervor, die die schärfsten Bestimmungen der Vorjahre zurücknahmen. Es blieb jedoch bei der staatlichen Schulaufsicht, der Zivilehe und (bis 1917) dem Verbot der Gesellschaft Jesu; auch der Kanzelparagraph war weiterhin in Kraft; von ihm sollte später in der NS-Zeit noch vielfach Gebrauch gemacht werden. Die Kirche musste ihrerseits personelle Zugeständnisse machen. Erzbischof Melchers von Köln wurde als Kurienkardinal nach Rom versetzt; in Köln wurde Philipp Krementz 1885 sein Nachfolger. Bischof Bernhard Brinkmann, dessen Stellung im oldenburgischen Teil seines Bistums übrigens nicht angefochten worden war, kehrte 1884 nach Münster zurück. Für Paderborn, dessen Bischof Konrad Martin 1879 in Belgien verstorben war, wurde bereits 1882 ein neuer Oberhirte bestellt, Franz Kaspar Drobe. In der Folgezeit haben dann die westfälischen und rheinischen Katholiken ihren Frieden mit Preußen gemacht.

Eine der lang anhaltenden Nachwirkungen des Kulturkampfes lässt sich in dem Aufschwung erblicken, den die katholische Presse damals genommen hat. Ähnlich wie die „Kölnische Volkszeitung" des Verlegers Joseph Bachem und die von den Brüdern Lensing in Dortmund seit 1875 herausgegebene „Tremonia" erzielte auch die 1868 gegründete „Essener Volkszeitung" rasch eine beachtliche Auflage. Häufig waren es Geistliche, von Bismarck als „Hetz-Kapläne" apostrophiert, die auch in den übrigen Städten des Ruhrgebietes katholische Zeitungen ins Leben riefen, welche sich zu festen Stützen der Zentrumspolitik entwickelten: 1871 die „Duisburger Volkszeitung", 1872 die „Westfälische Volkszeitung" in Bochum, 1880 die „Bottroper Volkszeitung", 1882 die „Volkszeitung für Buer und Umgebung", 1887 die

"Wattenscheider Volkszeitung" usw. Mitten im Kulturkampf war 1878 der „Augustinus-Verein zur Pflege der katholischen Presse" gegründet worden.

Von den Repressalien des Kulturkampfes hatte der Staat eine kirchliche Gruppe ausnehmen müssen, die ihm schlechterdings unentbehrlich war: die krankenpflegenden Orden und Gemeinschaften. Das erste moderne Krankenhaus des Ruhrgebietes unterhielten die „Barmherzigen Schwestern von der heiligen Elisabeth" in Essen. Diese neue religiöse Genossenschaft (1843) war unmittelbar aus dem traditionsreichen Essener Beginentum hervorgegangen. Die 1834 vereinigten Konvente „Im Turm" und „Zwölfling", deren Spuren sich bis ins 13. Jahrhundert zurückverfolgen lassen, erhielten 1841 auf Anregung des Düsseldorfer Regierungsrates Bracht das leer stehende Essener Kapuzinerkloster. Unter ihrer fähigen, aus Castrop stammenden, 1838 gewählten Oberin Klara Kopp entwickelten sie sich zu einer modernen krankenpflegenden Gemeinschaft. Den Erlös des verkauften Beginenhauses und die Einkünfte der ihnen zugewiesenen Siechenhausvikarie verwendeten die Schwestern zur zweckmäßigen Einrichtung des ihnen überlassenen ehemaligen Kapuzinerklosters. Klara Kopp hatte sich einige Monate im Clemens-Hospital zu Münster fortgebildet, ehe am 26. Januar 1844 der erste Patient aufgenommen wurde.

Das Hüttenwerk „Neuschottland" in Essen-Freisenbruch; um 1880 zählte die Belegschaft dieser Anlage etwa 3000 Mann.
Foto: Pfarrarchiv St. Joseph, Essen-Horst.

Hüttenwerk „Neuschottland" (um 1880)

IV. Das 19. Jahrhundert

Krankenpflege war im 19. Jahrhundert fast ausschließlich eine Sache der Kirchen. Das älteste Krankenhaus in Duisburg gründeten 1844/47 die evangelischen Diakonissen. Katholische Häuser folgten 1848 in Bochum (Elisabeth-Hospital), 1857 in Werden (Krankenhaus St. Josef), 1859 in Duisburg (St. Vincenz-Hospital) und 1867 in Duisburg-Laar (St. Josephs-Hospital). Inzwischen war das Elisabeth-Krankenhaus in Essen eine anerkannte Institution. Von 34 Patienten und 1.197 Pflegetagen im ersten Belegungsjahr 1844 hatte es seine Arbeit schon 1852 auf 785 Patienten und 16.156 Pflegetage ausgedehnt. Klara Kopp hatte anfangs die Gemeinschaft nicht über zehn Schwestern anwachsen lassen wollen. Angesichts des großen Bedarfs musste sie umdenken; dabei ließ sie es sich nicht nehmen, selbst die Aufgaben der Novizenmeisterin auszuüben. Ab Mitte der sechziger Jahre kam es zu Neugründungen: 1865 ließen sich die Elisabeth-Schwestern in Styrum nieder, um die Pflege für Arbeiter aus dem Werk August Thyssens wahrzunehmen. 1867 wurde ein Vertrag mit der Hattinger Henrichshütte geschlossen; die Elisabetherinnen übernahmen das Werkskrankenhaus in Welper. Im selben Jahr kauften sie den ehemaligen Rittersitz Haus Berge und richteten hier ein Krankenhaus für das Amt Borbeck ein.

Das Netz katholischer Krankenhäuser verdichtete sich in den folgenden Jahren weiter; allein im Jahr 1868 entstanden die St. Marien-Hospitäler in Bottrop und Buer, das St. Elisabeth-Hospital in Niederwenigern und das St. Laurentius-Hospital in Steele. 1869 folgten das St. Josef-Hospital in Sterkrade und das St. Marien-Hospital in Gelsenkirchen, 1870 das gleichnamige Haus in Wattenscheid und 1873 die St. Johannes-Krankenanstalt in Hamborn. Dann indessen trat eine Pause ein; erst nach Abklingen des Kulturkampfes wurden 1884 neue Häuser in Blankenstein (St. Elisabeth) und Oberhausen (St. Joseph) errichtet, 1885 in Linden (St. Josef) und Osterfeld (St. Marien), 1887 in Stoppenberg (St. Vinzenz) und Mülheim (St. Marien), 1888 in Altenessen (St. Marien) und 1889 in Horst (St. Joseph).

Interessant ist die Vorgeschichte des St. Marien-Hospitals in Gelsenkirchen. Bereits acht Jahre vor Gründung des Krankenhauses waren die „Armen Dienstmägde Jesu Christi" (Mutterhaus in Dernbach, Diözese Limburg) zur ambulanten Pflege in die westfälische Industriestadt gekommen. Der Kirchenvorstand der Pfarrei St. Augustinus hatte in seinem umgehend bewilligten diesbezüglichen Antrag an das Bischöfliche Generalvikariat in Paderborn am 4. August 1861 ausgeführt:

„Nach den anliegenden Statuten widmet sich die Genossenschaft hauptsächlich der Pflege der Kranken in den Häusern; diese Seite ihrer Wirksamkeit würde hier ein lohnendes Feld finden. Bekanntlich besteht ein großer Theil der hiesigen Bevölkerung aus Grubenarbeitern, welche ihrer gefährlichen und ungesunden Beschäftigung wegen häufigen Krankheiten und Unfällen ausgesetzt sind. Die Unverheiratheten unter ihnen entbehren nun bei solchen Vorkomnißen meistens einer gehörigen Pflege. Den Gastwirthen mangelt die namentlich bei Wartung gefährlich niederliegender Patienten nothwendige Zeit, Kenntniß, Hingebung und Ausdauer; das wichtigste Moment, die geistliche Hülfe, wird mitunter bis dahin vernachlässigt, dass der Geistliche zu spät kommt. Die Verheiratheten befinden sich bei eigener

Erkrankung oft in ähnlicher Lage, in einer bei weitem traurigeren jedoch, wenn die Frau schwer darniederliegt. Die stets ungenügende Pflege derselben, wie die Sorge für die gewöhnlich zahlreichen Kinder, hält den Mann von der Arbeit, damit vom Verdienst zurück und - weil Ersparnisse nicht vorhanden, tritt bereits nach den ersten Tagen das größte Elend ein. In solchen Verhältnissen zeigen sich nun die Dienstmägde Christi sehr tüchtig. Sie suchen die Kranken auf, sorgen für körperliche Pflege, Reinlichkeit und gewissenhafte Befolgung der ärztlichen Vorschriften und arbeiten dem Geistlichen in geeigneter Weise vor. Alles dieses, ohne dass die Kranken auf die oft liebgewordene Umgebung und die Angehörigen auf ihre Rechte verzichten müßten.

Aber nicht allein für die Arbeiter, auch für die bemittelten Gemeindeglieder, selbst für die vermögendsten Eigenthümer würde die Einführung jener Schwestern wichtig sein. Denn bei dem stärkeren Verdienst auf den hiesigen zahlreichen Stahlwerken und den hieraus leider hervorgehenden vielen Eheschließungen sahen sich die Herrschaften schon lange gezwungen, auf die allernothwendigste Zahl von Dienstboten sich zu beschränken. Bei längerer Krankheit erfüllte dann sofort eine empfindliche Lücke, und die Arbeit wird gehindert, ohne dass der Kranke eine tüchtige Pflege genießt. Auch hier leisten die Schwestern den zweckmäßigen Ersatz. Fernerhin würden die Dienstmägde Christi hierselbst eine segensreiche Wirksamkeit dadurch entfalten, dass sie die noch nicht schulpflichtigen Kinder während einiger Zeit im Tage bei sich aufnehmen, dadurch von der Straße entfernen und ihnen schon die ihrem Alter angemessenen namentlich religiösen Kenntniße beibringen.

Das nothwendigste Erfordernis, ein geeignetes Haus, ist bereits vorhanden, da Herr Gutsbesitzer Nienhausen hierselbst, namens seiner dem Ordensstande sich widmenden Nichte, Fräulein Mathilde Gahsel aus Münster, ein passendes Gebäude angekauft hat, dasselbe jetzt restaurieren lässt und gegen einen jährlichen nominalen Zins, solange zur Disposition stellt, als es jener oder einer ähnlichen Genossenschaft dienen wird. Das nothwendige nicht unbedeutende Inventar ist bereits unter der Hand beschafft. - Ferner hat die genannte Dame als Anfang eines Fonds für jenes Haus ein Kapital von Eintausend Thaler zugesagt, welches im nächsten Monat flüssig wird. Ebenso unterliegt es keinem Zweifel, dass die Krankenpflege bei Bemittelten dem Kloster einige Einnahmen bringen wird. Jedenfalls reichen die obigen Kosten zur Deckung der nothwendigen baaren Auslagen hin. Zur unentgeltlichen Beschaffung der erforderlichen Victualien haben sich schon mehrere Personen bereit erklärt; die Brandkohlen erhalten wir von der hiesigen Zeche Hibernia. Wenn demnach auch der Unterhalt der Schwestern nicht in fixen Einnahmen sich nachweisen lässt, dann steht doch nicht im mindesten zu fürchten, dass sie etwa Mangel leiden müssten: dafür bürgt die krafterprobte Opferwilligkeit unserer Gemeinde und die Wichtigkeit des Zweckes, über dessen Vortrefflichkeit nur eine Stimme herrscht."

Angesichts dieser überzeugenden Darlegungen gab Generalvikar Johannes Franz Wasmuth schon am 9. August zu dem Vorhaben seine Zustimmung; damit verband er die Hoffnung, „daß diese frommen und eifrigen Schwestern, welche seit Jahren an mehreren Orten unserer Diöcese so segensreich wirken, auch zu Gelsenkirchen in der Krankenpflege und Erziehung der weiblichen Jugend ihren schönen Ruf aufs neue zur höchsten Ehre Gottes und zum leiblichen und geist-

Im Hintergrund: **Eines der zahllosen Krankenhäuser des Ruhrgebietes: Das St. Marien-Hospital mit Epidemie-Haus in Altenessen, 1912.** Repro: W. Przybilla.

IV. Das 19. Jahrhundert

Bochum, Schachtaufrichtung „Friedrich der Große" (1880).
Foto: Ruhrlandmuseum Essen.

lichen Wohle der Gläubigen bestätigen werden." Die Dernbacher Schwester trafen am 27. Oktober 1861 in Gelsenkirchen ein. Kurz zuvor hatte Bischof Konrad Martin den Vikar Heinrich Johann Ignatz Spaller zu ihrem Beichtvater bestellt. Acht Jahre später sollten sie auch die stationäre Pflege im neuen St. Marien-Hospital übernehmen. Ihre tätige Caritas überzeugte und entzog sie in den Jahren des Kulturkampfes allen ideologischen Auseinandersetzungen.

Als Bismarck in den achtziger Jahren den Kulturkampf abblies und gegenüber der katholischen Kirche einlenkte, bewog ihn dabei auch der Gedanke, einem inneren Zweifrontenkrieg aus dem Weg zu gehen. Mit dem Sozialistengesetz von 1878 hatte er inzwischen einem neuen Hauptgegner, der Sozialistischen Arbeiterpartei Deutschlands, den Kampf angesagt. Fast selbstverständliche Unterstützung dabei fanden er und der konservativ bestimmte Staatsapparat in den Reihen des Protestantismus, dem die meisten Wirtschaftsführer angehörten. Bismarck ahnte indessen, wie wichtig es sein würde, auch auf die katholische Kirche als Partner des Staates im Kampf gegen die Sozialdemokratie rechnen zu können. Die sozialisatorische Kraft des Katholizismus, die sich im Kulturkampf eindrucksvoll manifestiert hatte, musste den Freiraum erhalten, die katholische Arbeiterschaft eigenständig zu organisieren und gegen die Ideen der Sozialdemokratie zu wappnen, dafür aber das Bewusstsein ihrer Zugehörigkeit zur katholischen Kirche nachhaltig zu stärken. Dies sollte seit den neunziger Jahren in großem Maß gelingen. Die Weichenstellung dazu erfolgte auf der 36. Generalversammlung der Katholiken Deutschlands vom 25. bis 29. August 1889 in Bochum, dem ersten Katholikentag im Ruhrgebiet.

Auf dem vorhergehenden Freiburger Katholikentag hatten die Verantwortlichen erhebliche Widerstände überwinden müssen, um die Zustimmung für diesen Tagungsort zu erhalten, eine sozial gärende und konfessionell gemischte Industrie- und Arbeiterstadt, die kurz zuvor noch von einem großen Bergarbeiterstreik erschüttert worden war. Für Bochum scheint sich vor allem Franz Hitze (1851-1921) stark gemacht zu